24 HOURS IN
ANCIENT EGYPT

古埃及24小時歷史現場

A Day in the Life of the People Who Lived There

穿越時空，目睹由木乃伊師傅、失眠法老王、酒醉女祭司、
專業孝女和菜鳥盜墓者主演的一日實境秀

Donald P. Ryan
唐諾・萊恩——著　鄭煥昇——譯

謹將此書獻給一生喜悅而慷慨的
桃樂絲・「道蒂」・薛爾頓

目次

引言

在遠古眾多引人入勝的民族裡，古埃及人似乎總在現代人心目中散發特殊的吸引力。懾人心魄的神廟與金字塔，奇妙的字體密密麻麻刻在遺跡牆上，外加各種令人嘆為觀止的考古發現，都在在讓這幾已徹底消失在地球上的古老文明，驅策著取之不盡用之不竭的神祕。

相較於古希臘與古羅馬這兩個可與之相互輝映的古文明，古埃及並沒有太豐富的史料傳世，所以很多我們會有興趣的事情都難以藉文字一探究竟。古埃及大批的庶民是文盲，因此倖存至今的殘篇多與皇家、宗教或喪葬事務有關。惟即便如此，經過光陰篩漏至今的涓滴古物，包括為數不多的私人信件，還有以醫藥等主題進行闡述的文類，仍足以讓古埃及學者就其文化的各個環節，拼湊出一個我們可以合理相信的畫面。菁英階層以其陵墓牆壁為基底，在其上繪製或雕刻出日常生活場景的習性——以他們在世時的生活為藍本，去蕪存菁之後便成為他們對來世生活的願景——讓千年後的學者們有說不出的感激。另外也幫了大忙的一點，是古埃及人習慣把平日的吃食、衣著、家具與各種日用品都當成陪葬品，直接搬進陵墓中。

另外荒廢的村落也留下來了幾個。雖然是為了配合金字塔與皇陵的興建所成立，但這些村子的選址都挑在遠離尼羅河岸的乾燥地區，因此避開了被週期性氾濫所抹消的命運。這些村落遺址的挖掘工作，讓我們對於古埃及生活起居的進一步理解，獲得了珍貴的線索。

古埃及人將從日出到日落的一天分成白天十二個小時與黑夜十二個小時（為了方便讀者理解，我們仍會按現代人的習慣將午夜視為一天的起點）。在本書裡，我們會看到古埃及人生命中的某一天，是怎麼度過的；我們會透過二十四名古埃及居民的眼睛與體驗，去瞥見此一消逝文明的某個時間切面。這二十四個登場人物以努力扮演好自身角色的農夫、陶工、織匠與兵勇等人居於核心，輔以埃及的神聖領袖，外加從他以降，組織繁複的官僚與隨扈。每一個小時的戲分由他們其中一人領銜主演。他們的生活、掙扎與勝利，除了能讓我們知悉個別埃及人的食衣住行，也能提供一個平台，讓我們更了解古埃及三字代表什麼意義。多數的角色與場景都非真人真事，但藉他們說出的故事都有扎實的埃及學研究知識打底，目的是盡可能真實地還原古埃及的生活原貌，讓讀者在知識上有所收穫之餘，也能得到些許娛樂。不過話說回來，有幾個人確實在真正的歷史上占有一席之地，這包括法老阿蒙霍特普二世與他的皇后提婭，還有宰相阿蒙涅莫佩特。

絕大多數的埃及人都過著相對簡樸的生活。他們熱愛自己的土地，相信自己的故土是世界上最棒的地方。他們將自己的家鄉稱為有「黑土地」之意的「柯梅特」（Kemet），這指的是生命之河沿岸的肥沃土壤。這條生命之河，乃是從南方遠方土地出發，一路蛇行北上，最終流入一片汪洋。

南方彷彿充滿肌肉線條的尼羅河谷，與北方廣袤的尼羅河三角洲，自然而然地將柯梅特一分為二，一邊是上埃及，一邊是下埃及，兩者涇渭分明。在某個時間點上，這兩個區域曾於政治上相互獨立，而兩地歸入單一領導者之下的統一，則被視為是埃及文明的黎明，而那位領導者也巍巍然被冠上了上下埃及之王的名銜。

英文裡提到埃及，用的單字是 Egypt。Egypt 源自於希臘文裡的單字 Aigyptos，而 Aigyptos 又似乎來自於古埃及的一個單字 Hut-ka-Ptah，意思是「卜塔之卡的宅邸」；「卡」（Ka）是靈魂之意，而廣受庶民敬拜的「卜塔」（Ptah）與古都曼菲斯（Memphis）有關，為工匠的守護神。

尼羅河確實是埃及得以存在的核心。其年復一年的氾濫，為農民耕作的土地補充了肥沃而養的淤泥。尼羅河水提供了古埃及一條南北向的交通幹道，提供了埃及人大量的漁獲，也提供了灌溉用水跟造磚用的泥巴。遠離河岸，是所謂的「紅土地」（Red Land），那兒有的是沙漠與乾燥的山區

——沙石滿布以外還有若干個金礦與偶爾出現的綠洲。

除了尼羅河，古埃及世界裡最顯著的另外一個元素，是太陽，是那顆提供著光與熱，每日傍晚從西方落下，隔天再從東方獲得重生的橘色大球——至少那是古埃及人的殷切期盼。對古埃及人而言，太陽是一個神，是一個叫做「瑞」（Re）的神祇（亦稱「拉」〔Ra〕）。太陽神劃過天空，有一說是搭乘一艘滿載諸神明的船隻，有一說是被一隻巨大的糞金龜推動，亦有一說是神鷹用一雙看不見的翅膀帶著太陽緩緩飛行。在埃及人的心目中，這三種說法可以同時成立而不相違逆。

雖然太陽在古埃及的有形世界中，是個占據核心地位的存在，但神明在他們的認知中可是無所不在，而且不論是有形或抽象的事物都有其對應的神祇。這樣的神明成千上百，古埃及的土地上因此大大小小、五花八門的神壇廟宇林立，而祂們的起源，全都能追溯回古埃及文明誕生之前很久的開天闢地之際，當時是先有一座泥丘般的神山從名為「努恩」（Nun）的太初混沌之水中現身，然後泥丘中又升起了創世之神阿圖姆（Atum）。阿圖姆來到世上後，便著手創造出了一對對神明，每一對都是一男一女，然後由這一對對神明肩負起創造新世界與維護新世界的重責大任。其中蓋伯（Geb）與努特（Nut）分別是大地之神與天空女神；舒（Shu）與泰芙努特（Tefnut）分別是空氣之神與雨水與濕氣之神；這幾位大神加在一起，便構成了可居住環境的基本要件。以本書設定的時間點而言，重要性至高無上的神祇是阿蒙—瑞（Amun-Re）這個阿蒙神（Amun，祂原本僅是底比斯的地方神，地位不高，後來才慢慢崛起）與瑞合體的神，尼羅河東岸遍布敬拜祂的廟宇，民間都將黑土地得以興盛視為祂的功績。

這二十四個故事的舞台，是政教中心底比斯，時間則是古埃及屬於新王國時期（New Kingdom；約西元前一五五〇到一〇六九年）的第十八王朝，阿克黑波汝．阿蒙霍特普（阿蒙霍特普二世；阿蒙霍特普二世有時又被稱為阿蒙諾菲斯二世〔Amenophis II〕，意思是阿蒙神很滿意的人）治下的第十二個年頭，約當西元前一四一四年。學者口中的新王國時期，在紀年分類上是屬於埃及的帝國建立期，其向東的影響力達到美索不達米亞平原（兩河流域）的邊緣，向南的霸業則深入努比亞（Nubia）。這是古埃及開始繁榮起來的時期，其一代代領導者向外發動了軍事與商業的拓展，而且手筆都不小。阿蒙霍特普二世本身是個優秀的運動員與戰士，他不但御駕親征，還會駕著由健壯的駿馬所拉動的戰車，身先士卒地率領兵殺入敵陣。不打仗的時候，他會大興土木，建起一座又一座廟宇、宮殿，還有獻給自己的紀念碑塔，其中後者是一定要的。古埃及的新王國時期，無疑是人類歷史上一段非常引人入勝的時期，同時也有資格角逐埃及古文明最燦爛輝煌的頂峰。往下讀，你會發現它絕對能勝任古埃及文化入門的最佳切入點。所以就讓我們穿越時光隧道，回到名喚柯梅特的黑土地上，跟當地庶民們來個二十四小時的交流吧。

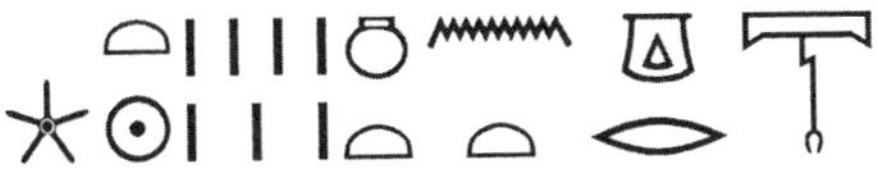

(00:00-01:00)

第1章　夜間的第七個小時

接生婆迎接嬰兒來到世間

願你一命嗚呼，那個來自於黑暗中，一張臉轉到後頭，把鼻子藏在背後（以免被人瞧見），躡手躡腳走近的他。願他失敗於自己的任務。願妳一命嗚呼，那個來自於黑暗中，一張臉轉到後頭，把鼻子藏在背後（以免被人瞧見），躡手躡腳靠近的她。願她失敗於自己的任務。你是來親吻這孩子的嗎？我不會任由你親吻到他。妳是來讓他永遠安靜的嗎？我不會讓妳消除他的聲音！你是來傷害他的嗎？我不會讓你傷害到他！妳是來帶走他的嗎？我不會讓妳將他從我的身邊帶離！我已經保護好他，不讓你動他一根寒毛！

——**用來保護嬰兒的古埃及咒語**

嬰兒出生不管颳風下雨，也不分白天夜裡，這一點葳瑞特已經好多次對梅莉特耳提面命。梅莉特的陣痛早從大白天就開始，如今入夜幾個鐘頭了，分娩也迫在眉睫。葳瑞特身為梅莉特的姨媽，正以接生婆的角色設法讓生產過程順利進行，由此她一方面熱切地指導著產婦該怎麼做，一方面滔滔不絕地念叨著守護的祭文，至於大腹便便的梅莉特則蹲跨在好幾枚磚塊之上，身處於由三盞油燈提供照明，光線黯淡的房裡。

除了實際的建議與求心安的咒語，接生婆還帶來了兩尊小小的雕像，兩尊神像的尊容不論以任何人的標準來看，都不是特別的討人喜歡。其中貝斯（Bes）簡直醜到讓人無法為其辯護，但即便如此，身為男性的他卻的的確確是來幫忙的。除了有集矮、胖、醜於一身的侏儒形象，貝斯還會將舌頭伸得長長地，並擺出一副嚇人的姿勢，由此他被認為可以在懷孕與生產過程中驅走邪惡的力量。另外一尊神像，生育女神海奎特（Heqet）則不僅看起來像隻青蛙，而且她的特殊能力也跟青蛙一樣。毫無疑問，海奎特在這個場合裡可以說是如「蛙」得水。事實上從梅莉特想要再懷上孩子的第一天起，海奎特就被展示在屋裡很顯著的地方。海奎特加入幫手的陣容，算是順理成章：青蛙可以生出成群的蛙卵跟蝌蚪，而且還不會打鼾。會打鼾的，是辛苦打了一整天的魚，正在隔壁房間呼呼大睡的馬努，梅莉特的丈夫。

其貌不揚但身強體壯的貝斯神是古埃及很受歡迎的居家守護神。短小精悍的他生著一張有著獅子特徵的人臉，咸認可以驅逐邪靈。不同於古埃及的主流繪畫風格，他的形象經常是整張臉朝前（而非側臉），理由是這樣才能將他嚇人的五官效果發揮到極限。

貝斯神，古埃及的居家守護神。

葳瑞特把兩尊神明置於可以俯視整個生產過程的制高點，來強化祂們的庇蔭。在幾個月前發現她懷孕了之後，梅莉特就收到了姨媽給她的項鍊。那是一串形狀是塔薇瑞特（Taweret）女神的藍色護身符。雖然貝斯與海奎特已經夠挑戰古埃及人的審美觀了，但真正秀下限的非塔薇瑞特莫屬。在這整體而言，她是一個懷孕河馬的站立形象，踩著兩條獅子的腿，背上則是一整隻鱷魚的模樣。在這守護神三劍客當中，就屬她最醜但也最悍。她被認定的能力包括驅趕所有存心不良的力量。雖然外表令人倒彈，但這三劍客卻能讓被祂們守護的人感覺心安。

古埃及人有他們驗孕的一套辦法，雖然準不準很難說：他們會把小麥跟大麥放在一個布兜裡，然後疑似懷孕的女性會每天尿在上頭。最終如果大麥發了芽，那就代表她懷了個男孩；若是小麥發了芽，就代表她懷了個女孩。萬一大麥小麥都沒發芽，就代表她的懷孕是「虛驚一場」。

憑藉累積了多年的經驗，葳瑞特在寶寶從媽媽大腿間探出頭來的時候持續給予建議。她知道沒人能保證孩子不會是個死胎，也知道梅莉特不一定能活著把孩子生完。所幸最壞的狀況並沒有發生，幾分鐘後，一條新生命順利誕生在了埃及，用哭喊聲宣布他來到了世間。新生兒是個男孩，而葳瑞特知道梅莉特跟她的丈夫馬努都會鬆一口氣：他們家裡已經有三千金了。雖然女孩兒可分攤家務，但她們長大後終究會出嫁，到時候梅莉特只會更忙不完。

相對於姊姊們，男寶寶只要幾年之後就可以在父親身邊學著捕魚，而家裡多一個漁夫，對家計絕對有很大的幫助。

「奈佛。」寶寶累癱了的母親咕噥著說。「就叫他奈佛吧，善良而美好的孩子。」

「又叫奈佛。」葳瑞特邊把寶寶遞給母親，心裡一邊這麼咕噥著。之前夭折的兩個男孩都叫奈佛，而他們都只活了短短幾個月。兩個無緣的奈佛哥哥都埋骨在他們家的地板底下。或許這次會不一樣吧，或許這個奈佛會長命百歲，過著幸福快樂的日子，然後自己也生一堆孩子來幫他跑腿幹活。或許那些醜八怪的守護神會終於派上用場。「奈佛。」接生的姨媽說。「這名字好歸好，就是太招搖、太貪心了——你不會奢望他又乖巧，又長得像個天使吧？要知道跟著他滿身魚腥的父親幹活，要像天使也是很難啦。不過起碼還不至於淪落去當磚匠啦，我想。」

古埃及的庶民如果活過了出生與童年，其平均壽命可達三十到三十五歲。活不過這個歲數的原因百百款：疾病、工安意外、與敵作戰。許多不怎麼嚴重的疾病，包括各種感染與現在醫學與疫苗可以輕易處理掉的身體微恙，在當時都是百分百會要人命的。會讓人生不如死的寄生蟲與眼疾，在當時都算不上稀奇。另外木乃伊上也找到了各種癌症存在的證據。

奈佛寶寶能生在黑土地，已經夠幸運了，葳瑞特想，畢竟再怎麼說，這裡也有基本宜人的氣候，有稱得上充足的食物，還有一個理論上能讓人當下活得還算可以忍受，來世也有所期待的文化。身為埃及人，他所屬的文化要優越於黑土地以外的異族，這包括西邊的利比亞人，南邊的努比亞人，東邊的亞細亞人——這些次等的民族想要晉身為真正的人類，唯一的途徑就是成為埃及人。所以如果算總分的話，奈佛抽到的命運之籤不算太差，至少葳瑞特是這麼想的。

接下來的幾年，奈佛寶寶會主要接受母親的哺育，親戚或奶媽則會偶爾幫忙照顧他，但葳瑞特希望自己不要被點到名，因為她自己的日子就夠忙了。奈佛會有幾年的快樂時光可以光溜溜地跟其他孩子到處野，剃光頭跟側邊一條長辮是孩子們共同的特點。但轉眼之間，他就別無選擇地要繼承父親的衣缽，一開始先幫忙點雜務，等技術嫻熟後再全盤參與工作。時間會像長了翅膀一樣飛逝，他很快地就會結婚生子，然後這個循環無疑會永世轉動下去。沒錯，一段不太會有精彩發展，而且經常得咬著牙關撐下去的艱苦人生，正在這小傢伙的前方等著。葳瑞特一邊想著，一邊看著寶寶在他母親的懷中掙扎蠕動——她只希望他能先保有一口氣，畢竟想體驗人生的前提是你要先有命。

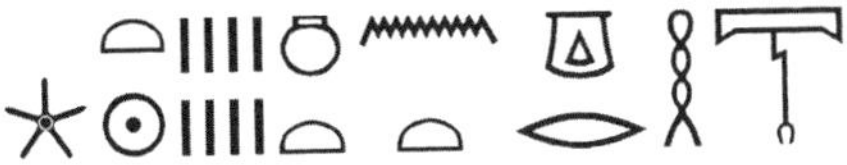

(01:00-02:00)

第2章 夜間的第八個小時

法老輾轉難眠

他用涼鞋踏平了各部落。北方的居民在他的權力下叩首，異國的土地對他無不驚懼……這世界握在他的手裡。人類敬畏他，諸神則需要他的愛，因為他是唯一由阿蒙神所指定的人選……他掌握了黑土地與上下埃及，全部都得聽從他的指令與安排。

——**阿蒙霍特普二世的獅身人面像石碑碑文**

阿蒙霍特普仰躺在裝飾華美的床上，頭下枕著的是實心的黑木。一陣突如其來的失眠，讓他深感折磨地睜大了眼睛，注視著屋頂，外加全身的筋骨都還在因為昨天的肢體活動而痠疼。又名阿克黑波汝的阿蒙霍特普做的是有史以來最重要也最辛勞的工作：**維繫宇宙的秩序**——古埃及管這種和諧的秩序叫作「瑪特」（maat），一種兩頭分別是真相與穩定的平衡——與**避免世界陷入混亂**。身為神聖的領導者，阿蒙霍特普受到的期待是要讓邪惡力量不敢出來作亂，同時還得按捺好一字排開，眾多喜怒無常的神祇，因為你永遠不知道這些牛鬼蛇神何時會對埃及的子民翻臉。

當然工作辛苦，福利就得好。身為與太陽神有關，本體是獵鷹的荷魯斯化身，阿蒙霍特普可以取得一切最棒的享受，也可以基本上隨心所欲，但代價是他得以神的身分，日復一日地面對民眾最高的期待。埃及大地上有眾多的建案必須完成——不少將用來紀念他——同時他還得想方設法來建立（或維繫）埃及傲人的財富，而這絕非易事。

畢竟他不僅繼承了父親的帝國，而且還——根據不少鐫刻在碑塔上的偉大頭銜——是「**有著銳利角尖、健美而強大的猛牛、上下埃及之王、兩片土地之主，金色的荷魯斯、瑞神的兒子、王冠的主人、有著強壯雙臂的那位、瑞神的化身、阿蒙神的子嗣與異地全境的主人**」。他是埃及的三軍統帥，也是侍奉所有神明的祭司長——這種工作內容怎麼樣，夠嚇人吧！

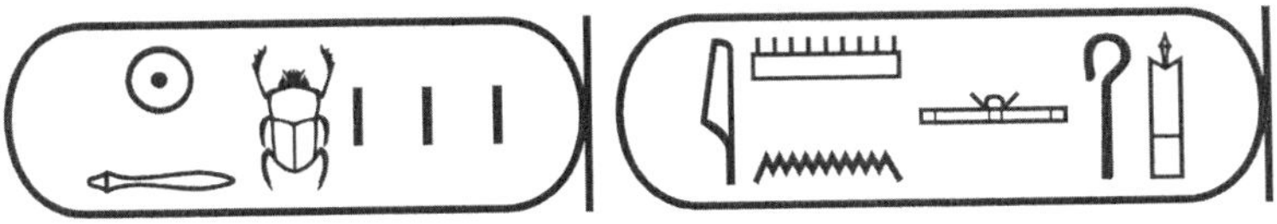

阿克黑波汝．阿蒙霍特普（阿蒙霍特普二世）落落長的全名，以名為聖書體的象形文字寫成，加上「象形繭」的外框與一條直線，便代表這是法老的名諱。

古埃及的領袖有不止一個名字與頭銜，其中普遍為人所知的有兩個。這兩個名字在銘寫之時，會被埃及學專家稱為「象形繭」的長橢圓形包住，其中一個是出生時的名字，一個是登基成為領袖時所取的名字。而所幸他們的名字是一組兩個，現代的學者才方便許多，主要是第二個名字（即位名）叫阿蒙霍特普的法老有四個，叫拉美西斯（Rameses）的更多達十一個，這時就得靠第一個名字（出生名）來分辨出誰是誰來：現在學者為了指稱方便，多直接在即位名的後面加上數字來當成編號，於是我們就有了圖特摩斯三世（Thutmose III）與阿蒙霍特普二世。

阿蒙霍特普是他們家族傳承中的第七名法老，而這個王朝的開端，得從七代之前，被名為「希克索斯」（Hyksos，意思就是外來者）人的異族遭到驅逐說起。來自東方的希克索斯人曾統治埃及長達約百年，最後才被不堪其辱的埃及人擊敗後加以驅逐。後繼的埃及之王並不滿足於把邊境守護好，於是積極地發動了戰爭去征服，或起碼威嚇一下他們四境的潛在敵人。建立帝國而成為一方之霸的額外好處，可以收穫的果實顯而易見：大量的牲畜、俘虜與黃金等戰利品。但久而久之，東方崛起了一股埃及不得不去制衡的勢力。

阿蒙霍特普的父王圖特摩斯三世，為後世所有的統治者設下了高標。他在劫掠與征服上的才能與成就，先不要說超越，就算是想守成都不容易。圖特摩斯三世帶著埃及大軍遠征到幼發拉底河，一路上大小戰役未曾稍斷。他終其一生，共累積了十七次決戰埃及境外的長征，而其中的英雄事蹟都被詳實刻錄在他大加擴建的底比斯神廟裡。話說，圖特摩斯的崛起其實相當有趣。

阿蒙霍特普的祖父，也就是圖特摩斯二世，僅短短在位十二年就與世長辭，而依序該繼位的儲君還是個年幼的孩子。雖然名義上是國家的領導人，但小圖特摩斯三世的王權遭到了繼母哈特謝普蘇特（Hatshepsut）的架空。哈特謝普蘇特在垂簾聽政了幾年之後終於不甘寂寞，自命為一國之主。雖說女人當家開了埃及一個空前的先例，但平心而論她把國家治理得頗令人稱許。她向南拓展了異地的疆域，同時在建築上的成就也令人耳目一新。當繼母死去時，圖特摩斯三世已充分做好了親政的預備，而他也就這樣當了三十多年的法老。惟在執政半途，他大舉啟動了讓哈特謝普蘇特「被消失」的歷史工程，已故繼母的名諱與形象被從她的紀念碑塔上抹去，其雕像也遭到毀棄。有一說是他怨恨自己被繼母僭越了那麼些年，所以一朝權在手，便把仇來報。不過或許更接近真相的描述是他不希望黑土地留下被女性統治過的先例。埃及是一片有著悠久傳統的土地，而傳統的維繫需要沒有例外的秩序。

不意外地，阿蒙霍特普的父親在培養長子阿蒙涅姆赫特（Amenemhat）成為接班人的過程裡，不怎麼愛提到哈特謝普蘇特。惟哀哉天不假年，身為儲君的王子還來不及登基便英年早逝，而繼承王位的下一個順位便是阿蒙霍特普。不幸中的大幸是在圖特摩斯三世撒手人寰並化身為歐西里斯（Osiris）來統領陰間的死者之前，他還有時間跟新王共治一段時間來傳授經驗。而老爸死了變成歐西里斯，正式即位後的阿蒙霍特普自然就成了歐西里斯的兒子，荷魯斯的化身。

圖特摩斯三世的一生，有著即便在法老之間也難得一見的波瀾壯闊，由此阿蒙霍特普覺得有如芒刺在背的，便是如何讓人覺得自己的成就跟先王落差不會太大。但這談何容易，因為首先他得活得夠久，有更大的野心，才有起碼的條件望得父親之項背。民眾對王者的期待，就只有成功，因為唯有法老能展現出「瑪特」，老百姓才會對自己身處的世界有信心。好消息是阿蒙霍特普有傑出的運動能力，所以即便有人酸溜溜地覺得他毛還沒長齊就好大的口氣，但半神半人的王者仍輕易不由得人質疑。

阿蒙霍特普揉了揉痠痛的肩膀。要保持超人的形象，得付出代價，事實上連他本人，都難免有懷疑自身神性的時候，畢竟哪個神明會這樣全身痠痛？埃及人的眼中，他是偉大的騎士、戰車手、冠軍划船手、飛毛腿與神箭手。他們篤信法老可以從疾馳的戰車上用箭射穿好幾塊相疊的銅錠，至少底比斯神廟的牆上有被記錄過這麼一筆。聽多了這樣的馬屁，阿蒙霍特普也難免會不小心稍微相信。

不過不管怎樣，阿蒙霍特普總是堅信自己有責任展現出符合其誇張頭銜的舉止樣貌。即位十二年來，他僅僅發動過三場對外作戰，其中第一戰是在他剛成為國王，也就是還與先王共治之時。當圖特摩斯三世的死訊傳到他剛征服了的土地上時，臣服於埃及的某些人覺得揭竿而起的機會來了，由此鎮壓變得理所當然，否則他這個法老就不用幹了。他不但有必要用武力守住前人辛苦打下的江山，更希望能藉此更上一層樓，讓埃及變成一個更遼闊的帝國。重點是，他得讓各方異族知道埃及說了算這一點沒有改變。鬧事的人要打手心，忠心者要摸摸頭。

> 美善之神，力量強大的祂，在其軍隊面前威風八面；祂的箭矢例無虛發。祂將箭射過去，銅錠會像莎草的莖一樣斷開……像那樣強壯的手臂前所未見……陛下射中的巨大銅板有三根手指厚。威力無窮的祂用接連的利箭將之射穿，每一發都在先穿越了三隻手掌後，再現於銅板後方……陛下實踐這樣的壯舉，有目共睹是整片土地。
>
> ——阿蒙霍特普二世從疾馳的戰車上朝目標射箭的圖示附文，出自底比斯卡奈克神廟（Karnak Temple）的第三座塔門

在那第一場戰役結束後，他又在執政的第七與第九年各發動了一場戰爭。對於柯梅特的敬畏，再一次被注入到曾猶豫過要叛變的人腦子裡。迦南與古敘利亞的數十個城鎮遭到襲擊或懲戒，戰利品於埃及而言相當可觀。殺人不眨眼的威名，在此大大管用。身為軍事上的最高領導人，阿蒙霍特普全程直接參與，而他的驍勇善戰就與其運動能力一般，成果斐然，至少官方紀錄上會如此表現出來。

> 陛下帶著愉悅的心情，如一頭力大無窮的猛牛來到曼菲斯。這次的戰利品有：五百五十名胡里安人的菁英戰士、兩百四十名他們的妻子、六百四十名迦南人、兩百三十二名酋長之子、三百二十三名酋長之女、兩百七十名各異地酋長的妾，外加她們手臂上金銀配件。合計：兩千兩百一十四名戰俘、八百二十匹馬、七百三十輛戰車，外加所有的武器。
>
> ——記錄阿蒙霍特普二世第二次對外戰役的曼菲斯石碑

疲憊的國王依舊靜不下心。明天又是典型會很忙碌的大日子。他得跟身為法老左右手的大臣開會，宰相阿蒙涅莫佩特會向他匯報埃及裡裡外外的各種政務。尼羅河上下游都有建案，包括新的神廟要蓋、舊的神廟要顧。另外為了為自己的殯天之日未雨綢繆，他得於皇家墓園中建好陵寢，得蓋一座讓自己能在裡頭被膜拜的廟宇。他的努比亞總督烏瑟撒泰特會呈上執政計畫，包括有若干地方建設需要法老的核可。

還有愈來愈變成慣例的，是會由不遠千里前來稱臣的使節一一獻上奇珍異寶。這部分的行程倒是頗受他青睞。他很期待看那些打扮花花綠綠的外族在自己面前卑躬屈膝，那代表自己統治的果然是一個如日中天的帝國。

忙完國家大事之後，他會與妻子提婭用餐，並在幾個孩子的陪伴下享受天倫之樂。他所享用的美酒佳餚肯定是埃及最好的，這點不在話下。健美而強大的猛牛不論有任何物質慾望，都會毫無保留地得到滿足。

定期自我反省是一件好事情，但或許三更半夜這麼做不是最理想的時機。他固然在某個程度上尊敬埃及庶民日復一日的重複操勞，但話說到底，他依舊很開心於自己活著的時候可以是萬人之上，無人之下。當然啦，能當王誰要當人！

在經過幾個小時的輾轉反側之後，上下埃及之主終於沉沉進入夢鄉，只可惜好景不常。巨大的

卡奈克神廟牆壁上的阿蒙霍特普二世側身像。

尖叫聲伴隨狗的吠叫與窸窸窣窣的腳步聲，從寢宮的地板上傳來，好夢正酣的法老於焉醒了過來。緊接著的驚人破碎聲，引起了兩名御前衛兵的關心，他們掀開了寢宮的簾子，手提油燈衝了進來。曾經美輪美奐的精巧手工方解石立瓶，如今已經粉身碎骨地摔了一地。原來是阿蒙霍特普所飼一隻偶爾會出來放風、且已拔掉尖牙的寵物狒狒，在被跟牠同主人的獵狗追。兩名衛兵怕冒犯了法老而不住地道歉，而就在他們急忙要把現場收拾乾淨之際，法老王說話了。「等明天我起身之後再弄吧，寡人現在真的得好好睡一覺。」衛兵謹遵王命慢慢退了出去，徒留更多的尖叫聲與更多的破碎聲從遠方傳來。

「百姓們肯定有人做磚頭做一整天，但晚上睡得比寡人香甜。」阿蒙霍特普心想。「畢竟不會太多人三更半夜被淘氣的猴子吵得睡不著覺吧。只能說誰叫我生來是埃及的猛牛呢，寡人認了！」

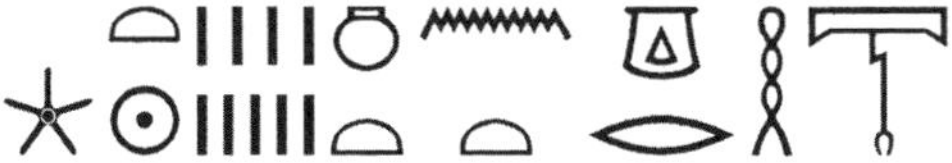

(02:00-03:00)

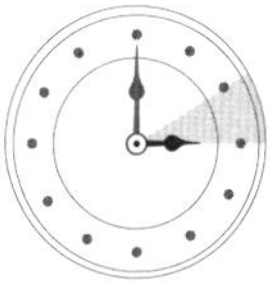

第3章

夜間的第九個小時

「喏，把這戴上！」厚重的阿努比斯面具被抬高到了馬胡的頭頂上，但面具的尺寸太大。「我看不見前面了啦！」少年馬胡大叫。

木乃伊師傅熬夜加班

哈普涅賽博已經忙碌了一整天，所幸剩下的工作無多。最近的業務量可以說都比平日大。一連串的工安意外加上各種死於非命的慘劇，讓遺體一具具往他這裡擠，而且數名往生者都已經排定要在接下來的幾日裡下葬。所以即便剩下的案子不多，但為了不讓葬禮開天窗，或是讓客人看他不爽，哈普涅賽博還是不能率性地在這深夜裡打包回家，他還得再多撐一下。

他把手伸進一具仰躺在低矮防腐手術桌上的男性遺體左下腹切口深處。用只剩下手肘露在外頭的前臂，加上手中握著的燧石刀，往裡頭又戳又切。「遞個碗給我。」他命令著現場助手之一的馬胡。馬胡伸手去抓了個大陶器。「拿近一點，我要取他的腸子。」再一次把手伸進屍體裡，哈普涅賽博用手指握住一把內臟，然後只見他掏出濕濕黏黏的腸管，並鬆手將之置於了陶碗中。「這個碗裡多放些『奈純』，然後再拿個新碗過來。」這一次，哈普涅賽博的目標是肝臟；接下來照順序是胃跟肺臟。他覺得切口好像大一點會好些。那切口是他的一名同事弄的，但同事的刀子才剛起了個頭，人就被追趕出了木乃伊手術室，在外頭被路人咒罵的咒罵，扔石頭的扔石頭。這並不是因為同事本身做錯了什麼事情，而是一種對死亡說不的儀式，一種對破壞遺體者加以譴責的過程——遺體應該受到絕對的尊敬，這是人的常識。下第一刀的同事很快就會回來，然後哈普涅賽博也會輪著得乾脆地離開手術室，去外頭受人唾罵。這是一件很有趣，也很矛盾的事情，哈普涅賽博的工作既是必需，但又被人看不起。

說起要精準地找到並切下正確的器官，然後從小小的傷口中把五臟六腑給拉出來，哈普涅賽博是一把好手。但這些要取出的器官不包含心臟——畢竟心臟是人類生命與智慧的核心——但其他的東西都要清到一樣不留。內臟要是留在體內，唯一的結果就是腐爛發臭，但取出內臟之後的處理並不是丟棄，而是跟死者大部分的其他肉體一起善加儲存。這個過程當然血肉模糊，但這也是種不得不為的血肉模糊。

埃及人視心臟為人肉體、智慧與情感的核心，因心臟會在活人身上搏動，在死人身上停止。心跳的頻率，會與從恐懼到心動間的各種情緒產生反應。相比之下大腦就好像只是頭顱裡的填充物——看不出有什麼實質的功能，也不具有宗教性的意義。不過早在法老阿蒙霍特普二世之前的很長一段時間裡，埃及醫生就知道了以不同的方式損壞頭骨，會造成人不同形式的昏迷或癱瘓，輕則使人不良於行，重則讓人失去性命。

一碗碗的內臟，被擱在一旁。等乾燥得差不多了，這些內臟會被分別置入不同的（石灰岩）甕中，而且每尊石甕都有一個以荷魯斯四個兒子的頭像為範本來進行雕刻的蓋子：胃臟的蓋子是多姆泰夫（Duamutef）、肺臟的蓋子是哈畢（Hapi）、肝臟的蓋子是伊姆賽提（Imsety）、腸子的蓋子則是凱布山納夫（Qebehsenuef）。這些甕上頭會記載著包含逝者名諱在內的文字，然後分別被放進陵墓中，作為與木乃伊身子分別存在但仍不可或缺的「零件」。

再來就輪到腦子了。「你會想試試看嗎？」哈普涅賽博問了聲馬胡。助手伸手拿起了一組工具，走向了遺體的頭部。一支帶著尾鉤的銅器，被從死者的鼻孔中插了進去之後，馬胡便開始用力撞擊穿透脆弱的骨頭，直到工具抵達後方柔軟的組織。用鉤子攪和了一番之後，馬胡成功把腦子弄成一團水水的糨糊，然後將之一塊塊從鼻孔中拉出。哈普涅賽博看著馬胡的每一個動作，並於最終檢查了一下，確認了每個方向都會碰到堅硬的腦殼後，他這個師父便幫忙徒弟把遺體翻過了身。馬胡開始反覆拍打遺體的後腦勺，以便讓噁心駭人的殘留物質落到地板上的沙堆中。

「來幫他洗個澡，打個包，然後讓他乾燥吧，然後他這邊暫時就沒我們的事了。」哈普涅賽博從切口處將亞麻布塞進遺體，盡可能擦乾淨，然後把用髒了的抹布放進了一個不算小的白色罈子裡。接著他開始用油脂與樹脂把遺體裡裡外外抹了一遍，用更多的碎布塞滿被掏空的遺體，包括鼻孔處也用特別小的布團堵了起來。身側的切口被縫合了起來，最後還蓋上了一小片極薄的金箔。這些程序都完成後，遺體被抬起到房間角落一張平坦木盤上，那兒已經準備好一個打開的大罈子。一杓又一杓白色的物質從罈子裡舀出來，倒在、撒在遺體的四周與上下，直到全身沒有一處遺漏為止。這白色的物質「奈純」源自底比斯西北沙漠，是來自一處遙遠乾燥河床上的產物，其能夠脫水的特質廣為人知，所以也是木乃伊成品能夠栩栩如生的關鍵所在。正常的木乃伊化過程得費時七十日，到時候奈純就會被撥掃開來，最後的成果也就會顯現出來。

> 奈純（natron）是一種可在乾燥河床上發現的天然物質，化學上的主要成分是碳酸鈉（蘇打）與碳酸氫鈉（小蘇打）。每一具木乃伊都得耗用大量的奈純，因此當是必然有過一隊又一隊的驢子在沙漠與埃及之間來回穿梭，每一批驢子都滿載著沉重的奈純來供應防腐產業的龐大需求。

哈普涅賽博對這份職業有一份自豪。若屍體能在斷氣後盡早送到他這裡，他就有更好的機會可以製作出精美的木乃伊，最終的成品也比較不會散發臭氣。遺憾的是除了他跟同事們以外，少有人具有能鑑別木乃伊良窳的眼光。防腐完的屍體會被包裹在一層層的亞麻布中，然後再置放於棺木裡千秋萬世，至少那會是理想中的情形。有了木乃伊，人體的生命力——埃及人口中的「卡」（ka）——就有了家；這樣逝者的靈魂——所謂的「巴」（ba）——就可以離開身體與陵墓去外頭的世界玩耍，累了再回家。

木乃伊技術的源頭，現代人並不甚了解，有一種可能是天然乾屍給了古埃及人靈感。乾燥的沙漠地區伴隨著風飛沙，讓簡陋的墳墓曝露在古埃及人的眼前，而那一幕或許就讓他們想到了同樣的過程可以在較短時間內人為複製，而所謂人為就是奈純等乾燥劑的應用。晚近考古發現在至少一處史前的墓地中，裹屍與樹脂的使用都是人類早已掌握的技術。

哈普涅賽博環顧了偌大的手術室。好幾個木乃伊盤上都堆起了奈純的小山丘，下頭覆蓋的是脫水到不同階段的遺體。等乾燥程序走完，遺體會先稍加清理，然後用一種不再那麼噁心但依舊繁瑣的方式來加以包裹。亞麻帶與亞麻布會雙雙用來把四肢分別綁住。通常在綁的過程中，會有一名祭司誦念咒語，以確保死者不僅肉體得存，而是就連靈魂都可以昇華而不朽。祭司會戴上象徵防腐守護神阿努比斯（Anubis）的胡狼頭套，督導整個包裹的過程，以確定有神力的護身符都擺放在木乃伊身上正確的位置。這包括能啟發再生的瓷製聖甲蟲，以及荷魯斯四個兒子的小型人像。

說起護身符當中最重要的一個，應該是其平坦的側邊會鐫刻上祭文的大型石製聖甲蟲。這隻聖甲蟲會被放在逝者的心臟部位，以免留在體內的心臟本體出什麼問題。心臟對逝者在陰間受審極具重要性，因為屆時人心會被放上天平，與另一邊代表真理與正義的「瑪特」羽毛來比比孰重孰輕。若是一切順利，則壯絕的永恆就會開啟。木乃伊製程的壓軸高潮，就是把繪有人類五官的面具像頭盔一樣套在木乃伊頭上，讓整個成品「人模人樣」，而不只是一個亞麻布裹緊緊的白蛹。

防腐師傅會把杉木油裝入注射器中，然後將油注滿死者肚內。但師父不會劃開遺體，也不會將內臟取出，而是會把遺體翻面，從屁眼把油注入後塞住，免得杉木油倒灌出來。接著師傅會讓遺體裝著油，進行指定天數的防腐過程。到了最後一天，他會讓那腐蝕性極強的油連同溶化的內臟與腸子，一起洩掉；同一時間，肉體也會被奈純給啃食一空，最後能剩下的只有皮膚與骨架。

——希羅多德《歷史》（*Histories*）第二卷中所描寫，西元前四百五十年前後的廉價木乃伊製作流程

時間已經很晚了，但有個叫伊比的傢伙只剩短短幾小時就要下葬，所以他的遺體非馬上處理完不行。伊比的遺體從一開始，就是個棘手的案子。兩個月多一點之前，他從一堵牆上墜落而且頭部撞地。很顯然，他橫屍了好幾日都無人（想）注意，甚至有傳言他是被推下牆去的。事實上即便真有此事，也不足為奇：伊比在底比斯的人緣算得上數一數二差勁。身為法老的親戚的朋友的朋友，他被安插了一份監官的差事，但殘暴的行徑讓他風評極差。外傳的事發經過是他正在牆頭上東張西望，想挑個好地方來大呼小叫地發號施令，順便像平常那樣威脅一下工人幾句，但突然之間，他就「不小心」絆了一下，然後一頭栽到了牆下。伊比不光是對工人頤指氣使，而是一視同仁地對每個人態度都差。就連他的家人都不是很能接受他。不過即使如此，他還是娶了個忍受力超群的老婆。兩人有沒有孩子是一個謎，因為即使有，他們也不敢對外聲張。

伊比無疑打算長命百歲然後壽終正寢。這幾年他下訂了一個天井、墓穴與祭壇等一應俱全的陵

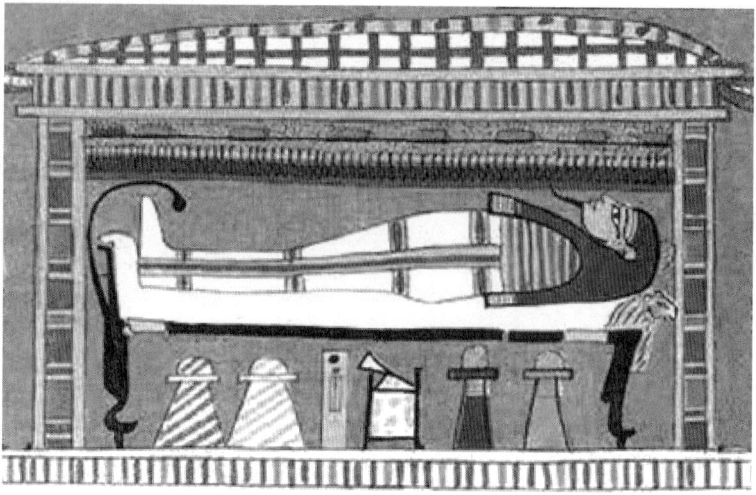

書記官阿尼的木乃伊正等著被送進陵墓裡，一甕甕的內臟與書寫工具組也都已經備齊。

墓在河流西岸坡地上的高檔墓園，距離他如今橫屍的木乃伊工坊並不算遠。他的遺體被送到哈普涅賽博處時，可說是一塌糊塗，主要是腐敗已經開始，而且含頭部在內的骨頭斷掉不少。不過話說回來，更慘的哈普涅賽博也看過，而等開始「加工」伊比時，他使出了五花八門的芳香處理。已經在燒著的薰香看來得加個一倍才夠。

伊比的老婆芭克塔姆追隨丈夫的遺體而來，但站得離木乃伊工坊有一點疏遠。她一方面看不出特別難過，一方面也不太想討論價錢。哈普涅賽博說明了一些選項，其中最高檔的木乃伊處理得花她一筆錢。但一分錢一分貨，豪華方案用的各種材料都是最好的東西，裹布的時候也會格外仔細用心，另外就是會有寶石做成的護身符，還有看起來風光體面的鍍金面具。只不過芭克塔姆沒怎麼細想就說了聲不。「有便宜一點的做法嗎？」

「有。」哈普涅賽博答道。「我們可以每種材料都用實惠一點的，護身符用瓷的，然後面具有沒鍍金但漆工不錯的。」

「有比這更便宜的嗎？」

哈普涅賽博被這話嚇了一跳。「認真想省錢，妳可以帶他回家，把他拖到沙漠裡，挖個洞給埋了！」他沒好氣地說。「不然這麼著，我幫他做一些基本簡單的處理，亞麻布你可以從家裡帶來。護身符我免費送幾個給他，面具就只求有不求好。這樣行嗎？」

「好，就這麼辦。這樣已經很對得起伊比這死鬼了。」芭克塔姆話說得冷若冰霜。

歸心似箭的防腐師傅們只想趕緊把伊比處理掉，而好消息是今夜的工作已經進入最後衝刺：把他最後幾個地方包一包，面具戴一戴就好。跟工坊簽約的誦經祭司幾個小時前已經下班了，但該跑的程序還是得跑。所以哈普涅賽博把馬胡給喚了過來。「喏，把這戴上！」厚重的阿努比斯面具被抬高到了馬胡的頭頂上，但這面具的尺寸太大，一整個淹沒了馬胡的頭部，還有肩膀，讓他感覺像掉進了陷阱一樣。「我看不見前面了啦！」少年馬胡大叫，面具上原本挖在脖子處的眼洞，現在完全跑到了錯誤的位置上。

「你就戴個幾分鐘得了，咒語你聽過也不下數百遍了吧。我幫他固定手臂時幫我念一下。」在馬胡模糊難辨的碎念聲中，哈普涅賽博用完了芭克塔姆所帶來最後的亞麻布。最後他俐落地纏了幾圈又打了幾個結，伊比的面具就固定好在他的木乃伊上了。等哈普涅賽博幫馬胡卸下阿努比斯的面具後，兩人一起端詳了一下今天最後的作品。考量到這是佛心價的案子，最後能弄成這樣還真不算差，只是那組裝和油漆都很廉價的面具還是讓少年呵呵地笑了出來。不過反正芭克塔姆也無所謂，而他們也累了，於是就在工坊的大夥開始漫步回家的腳步聲中，他們兩人開始思索著短短幾個小時之後，是什麼樣誇張的棺材會送來給伊比用。

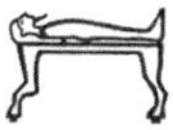

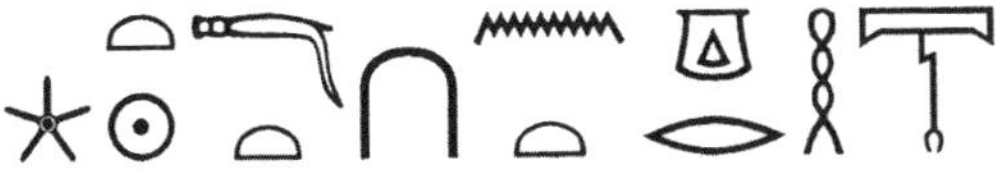

(03:00-04:00)

第4章　夜間的第十個小時

老將夢中征戰沙場

陛下乘著銀金色的戰車衝了出來，手拿他作戰用的兵器，看來一如力量的主人，出擊有萬鈞之重的荷魯斯；也像底比斯的主神孟圖[1]；至於他父親的血統，則更強化了他的雙臂。

——圖特摩斯三世的年鑑，卡奈克神廟

卑鄙可恨的敵人在亞細亞打死不退，搞得他這個星期有夠疲累。雖然埃及大軍也蒙受了不止一點損失，但敵人的傷亡那才叫慘重，他們一死可都是一片——當然那些抱頭鼠竄的都活得好好的。要說起弓箭手與精良的步兵，最好是有人能跟埃及比，而梅利摩斯是屬於當中的後者——步兵。每次揮動他的戰斧或彎刀，給敵人致命的一擊，都讓他精神百倍。此外他尤其喜歡與敵將在地上徒手肉搏。雖然幾回與死神擦身而過，但所幸最終他都能順利存活。

戰車兵與駿馬，儼然是埃及軍隊中最驍勇善戰也最具震懾力的一種組合。快如閃電而又充滿殺

1 Montu。中王國第十一王朝時的底比斯信仰主神，形象為白身黑面的憤怒公牛。

傷力的他們可以藉充滿機動力的弓箭對敵人造成嚴重傷亡。而一馬當先領著戰車兵挺進的，正是乘著鍍金戰車的法老，阿克黑波汝．阿蒙霍特普本人。身先士卒的他鼓舞著士氣，敵軍被砍下的斷手小山也不斷地堆起。這種作法，是為了方便計算殺敵的總數，但前提是一具屍體只能砍下一隻手來。

沒錯，對梅利摩斯而言，今天是美好的一天。他俯視著一名在戰場上殞落的敵兵，在把手砍下前搜索著他身上有沒有值錢的東西。但這樣一點點分心讓他無暇顧及接著發生的事情——戰場的死人堆中爬出了一個顯然沒死的人，衝上來推倒了梅利摩斯，讓他背部重摔在地上，然後掏出了匕首，準備一刀讓他斃命。

梅利摩斯猛然驚醒，摔下了被他當成床在睡的磚造矮凳。夢到自己在戰場上，於他而言倒也不是新鮮事了，相反地戰場是他經常造訪的夢鄉。早已年逾六旬的他是在戰場上打滾了二十多年的老兵，與國王並肩作戰的他無役不與，而這也讓他腦中滿是令人熱血沸騰的回憶。村中的男人不分年輕還是有點年紀，看著失去了一隻眼睛與數隻手指的他，眼裡都流露著敬意，而他也確實是個能用在戰場上九死一生的故事，讓人聽得如癡如醉的英雄。大大小小的往事不全都是吹牛，畢竟他也跟著先王圖特摩斯三世征戰了那麼久。

年輕時出身食指浩繁的貧困家庭，梅利摩斯的從軍之路相當典型。單身的他覺得生活很無趣，想在鋤地與收穫的務農生活以外找點刺激，反正家裡就那點地，人手早就足矣，甚至還有點太多養不起，所以二十歲那年他決定讓父親鬆一口氣，心一橫去從了軍、當了兵。家裡要填飽的嘴巴，少一張是一張。而若梅利摩斯圖的是冒險，軍旅生涯肯定能滿足他的期盼。

第三個以圖特摩斯為名的法老，圖特摩斯三世，終於在名不正言不順進行著共治的繼母哈特謝普蘇特過世後，得以親政。一如埃及出現動盪或高層更迭時常見的狀況，原本乖巧的外敵開始蠢蠢欲動，對此埃及必要為了懲戒而出手。圖特摩斯三世也沒等多久，就召集了埃及大軍，向東進行宣示性的進軍，畢竟埃及還是老大這件事是一項真理，由不得人懷疑。梅利摩斯也在這次出征中見足了世面，原來打仗是這麼回事。而被勝利的甜頭養大胃口後，他便回不去了。他開始渴望更多的戰場，而圖特摩斯也沒有讓他希望落空。接下來的三個十年，圖特摩斯組織了將近十八場戰鬥供梅利摩斯享用。

初戀永遠最美，那開洋葷的頭一回東征讓梅利摩斯最是回味。當年他壓根沒想到自己也是一分子的會戰規模能如此宏偉：士兵與他們的武器、戰車與在前面拉著的馬匹，綿延了好長一段距離，更別說還有負責載運輜重的軍驢。之前從未離開過底比斯附近太遠的梅利摩斯，一下子看得眼花撩亂，一切都如此鮮明與新奇。搭運兵船沿尼羅河而下的北上旅程，令他十分滿意：他飽覽了廟宇與金字塔，由此他第一次意會到黑土地是多麼開闊發達。向東的行軍，也讓他在新環境的經驗值上滿載而歸。戰鬥來得又快又急，梅利摩斯只能用年輕人的衝勁迎上前去，根本沒時間想到自己也是會痛會死的血肉之軀。他又是突刺，又是揮擊，又是重捶……使盡各種殺招！他與新認識的同志們並肩作戰，而事實證明有些小的城鎮好對付到有點過分，但也有些難纏的對手需要加以圍困，讓他們慢慢在自己的城牆內消磨殆盡。這就是他所學到，有著各種奧妙的戰爭。

在首次的出征裡，他們耳聞了一個消息：有個各異邦組成的反埃及聯盟由卡迭石（Kadesh）的頭目率領，正好以米吉多（Megiddo）城的訪客身分來到附近。出其不意地，埃及大軍繞到了敵軍的後方奇襲，殺得對方丟盔卸甲，趕忙跑進米吉多的城牆後保命。平日軍紀還過得去的埃及軍隊，此時有不少人開始搜刮起了米吉多酋長與士兵們在匆忙中掉落的財物當戰利品（梅利摩斯很自豪於自己沒有有樣學樣）。埃及人用壕溝與就地取材的樹牆將米吉多圍了個水洩不通。就這樣在七個月之後，他們終於等到了敵人的投降，而那對年輕的梅利摩斯而言就像等了半輩子一樣久——但這也讓他學會了埃及軍隊最出名的耐性與創意。他終於領會到這就是埃及軍隊攻無不克、戰無不勝的祕密。

勝利養大了圖特摩斯與埃及軍方的胃口，主要是有命回來的官兵都能過起好一點的日子。圖特摩斯肯定是從戰爭裡得到了不少好處，畢竟軍隊帶回了為數甚眾的俘虜與財物——梅利摩斯也得以雨露均霑。他跟其他老兵都領到了一片不能算大，但大家還是感覺很受用的土地。自從大約七十年前，希克索斯族的統治者被逐出黑土地之後，埃及就曾時而向東方動手，時而對南方的努比亞出兵，但就是沒有一個人有像圖特摩斯這般天生的旺盛精力！

希克索斯人所帶來的羞辱，不容埃及人須臾忘記，而風水輪流轉，當年讓希克索斯人得以一時橫行於埃及的軍事科技，如今正好被埃及人用來還治其身，而其中就包括戰馬與戰車。這是一種與眾不同、構造繁複，但效果十分顯著的武器。埃及大部分的馬匹，都進口自被其征服的東方，但牠們跟在後頭駕著強化木製馬車疾駛的人員一樣，都得在上場前先經過特殊的訓練。戰車手是特殊的一群，是讓步兵如虎添翼的菁英，由此梅利摩斯也很尊敬他們的戰技與勇氣。戰車的編制是兩匹馬拉一輛車，車上載有兩名士兵，其中一名士兵是神箭手，而他的搭檔則負責一手拉韁繩、快意馳騁，一手拿盾牌護住自己與弓箭手。在與米吉多的作戰中，埃及人斬獲了逾兩千匹馬匹與九百輛戰車。

埃及軍隊有高度的組織性，名義上的最高統帥是法老本人，惟實際統兵作戰的往往是他的其中一名王子。埃及大軍可以區分為北軍與南軍，並各自有其由上而下的軍令體系。至於士兵的部分則是十人一班、五十人一排、五百人一連、五千人一師。當然，部隊裡也需要人執筆記錄軍需、傷亡，乃至於俘虜跟戰利品的累積。此外，埃及有艦隊負責載運人員與裝備到方便奔赴戰場的港口，並運回得勝後的戰利品。

梅利摩斯所受大部分的訓練，都是學習以尖銳的手持武器來進行一對一的戰鬥。他不是沒嘗試過弓箭手的養成，但練了個半天就是沒有天分。持武器砍劈與突刺才是他的強項，而在一次次出征之間的空檔，他會不鬆懈地鍛鍊自己的武藝與體能，務求讓自己保持在最佳的狀態。惟打仗並非兒戲而是玩命，他偶爾也會帶回一些由敵人刀箭所「致贈」的紀念品，甚至於他還親眼目睹過同袍死得怵目驚心。他曾在某場戰鬥中被擦過的飛矛弄瞎了一隻眼睛，接著又被極鋒利的刀刃切斷數隻手指。所幸在千鈞一髮之際，另一名埃及士兵跳出來解決了重創梅利摩斯的敵人，至於氣憤難平的梅利摩斯則被從前線拉到後方，接受軍醫的治療。埃及的傷兵都算是幸運的，畢竟埃及醫師之優秀可是揚名國內外。

雖然勝負乃兵家常事，但總體而言，梅利摩斯還是很享受作戰的過程，尤其是每次回到埃及，都會有歡欣鼓舞的民眾在河邊或街上夾道歡迎。凱旋的海上遊行是一樁盛事，尼羅河上會移動著壯觀的船隻，接著上岸之後，拿著尖矛與木質或牛皮盾牌的步兵會雄赳赳氣昂昂地行進在路上，後頭則跟著弓箭手與他們的弓和箭囊。供人辨識部隊的軍旗會高高地在風中飄揚，戰車手與事前梳過毛，用力以鼻孔出氣的躍動馬兒則會在後頭跟上。野戰將官都換上最稱頭的服裝，看起來人模人樣。那光景實在讓人難忘。

老梅利摩斯最喜歡把在「大綠」（Great Green；即地中海）沿岸征服雅法（Joppa）的故事搬出來講。埃及將軍迪杰胡提在與雅法城的酋長的談判中承諾要給予兩百籃的食物外加各種物資，但酋長有所不知的是那兩百個籃子裝的不是食物，而是兩百名埃及士兵。只要一進城，士兵就會從籃子裡跳出來裡應外合，讓外頭的埃及大軍得以長驅

新王國時代，戰士法老與敵人交戰的英姿。

直入。梅利摩斯因為身形短小精悍而入選了敢死隊，而最後的結果也非常完美，雅法之圍就此畫下了句點。

惟長年征戰終究讓他倦勤，於是梅利摩斯在大約四十五歲那年帶著複雜的心情，從軍旅中退役。在充滿魅力的法老曼赫珀拉·圖特摩斯麾下與同袍並肩作戰，那種九死一生的刺激讓他懷念不已，這點不在話下，但在此同時，他也覺得自己能活到現在真是一個奇蹟，畢竟許多老戰友都已經死於非命。更幸運的是他的大家庭還算歡迎他賦閒回家，也有好好照顧他，畢竟梅利摩斯手上還有當年用命換來的土地。等他哪天死了，就會留給某位親戚。

他肯定現任的阿蒙霍特普二世也很有上進心，但目前為止他的出征次數還遠遠無法與先王同日而語。不令人意外地，陰險的亞細亞人一風聞圖特摩斯三世的死訊，就開始不安於室，所以阿蒙霍特普也不得不有所回應。在某一次成功的掃蕩攻勢裡，阿蒙霍特普親自持棍棒擊斃了七名外族的酋長，並且將他們的屍身倒吊在他回返底比斯的皇家船首。回到底比斯之後，七具屍體中有六具再被懸於城牆上示眾，剩下那一具則被送到努比亞來宣示一項訊息：勝者為王，敗者為寇，埃及既為勝者就不容挑釁。由此圖特摩斯三世這位虎父雖逝，但接班的法老也並非犬子的消息，順利傳揚了出去。

埃及人有好幾位戰爭之神。主神阿蒙—瑞可以被召喚出來讓敵人灰飛煙滅，就像能化身為隼的底比斯之神蒙圖一樣。另外如賽赫邁特女神（Sekhmet）也可以化身為母獅來保護人或發狠出擊。

梅利摩斯爬回了他睡覺的矮凳上，瞇起還能用的一隻眼睛。他希望的是能在異鄉的土地上重溫瘋狂殺敵的美夢。惟接續的午夜夢迴，腦裡的小劇場並沒有演出他冀望的劇情；取而代之的是他夢到一隻飛翔的長吻鱷一邊唱著歌，一邊從一隻氣呼呼的猴子手裡奪走了一簍魚。他夢到自己跟一個死去很久的朋友大打出手，只為了爭奪一條失蹤很久的兜襠布，還夢到了二十名舞孃在砂岩的礦場裡站著一動不動。就這樣，在旭日東昇宣告新一天開始之前，他這晚還得從凳子上摔下來三回。

(04:00-05:00)

第5章　夜間的第十一個小時

阿蒙—瑞的祭司被喚醒

萬歲！阿蒙—瑞！上下埃及兩片土地的王座之主
端坐在卡奈克的聖所中
祂是其母所產下的猛牛，安居在自身的田野上
在那一望無際的南方土地上

——阿蒙—瑞的讚美詩

好夢正酣的沛瑟在身體側邊挨了一腳，被粗魯地叫醒。「起來！該你了！」沛瑟環顧如今只有兩盞油燈照著的昏暗房間，裡頭有裝著稻草的墊子四散，一共數十枚，每一枚上頭都躺著一個光頭男人，然後他才慢慢地恢復大腦的運作。「時間到了！」他並不陌生的聲音接著說。聲音的主人是占星師芮妮，她一向對太陽升起的時間瞭若指掌，也知道該提前抓出多少時間來讓這些光頭男人完成他們最重要的工作。

這些男人的身分，是阿蒙—瑞的祭司，而阿蒙—瑞又是法力無邊，棲身底比斯的埃及主神。以

力量著稱的阿蒙—瑞，被認為有在幾代人的時間內為埃及成就霸業的不世之功，由此祂從底比斯的地方神被拔擢為埃及的主神。祂被與太陽連結在一起，成為了埃及人眼中的創世神。卡奈克神廟證明了這一點。已經不可一世的神廟仍未停下成長的腳步，不斷聚斂著物業與財富，更別說有愈來愈多的官僚與全職員工得負責神廟的運作與維護。

卡奈克神廟位於底比斯的整個「園區」，是全世界最大的宗教性建築結構，面積累計超過一百公頃。中王國時期（約西元前二〇五〇到一六五〇年）便已經建立的卡奈克神廟在新王國時期大幅擴張，之後的數千年間也持續茁壯。園區內除了阿蒙—瑞的主廟以外，還有獻予其他神祇與統治者的小廟或祀堂，以及多處由塔門、尖塔與滿是參天巨柱之廊道所構成的布局。用家大業大來形容幅員遼闊的卡奈克神廟，絕無言過其實。

沛瑟掀開了自己的亞麻被單，在腰間裹上了短裙，肩頭披上了布巾。晨間儀式的時間已到，神明得在日出時完成潔淨、著裝與接受供養等程序，而需要的準備功夫相當之多。整群祭司在營舍外頭的神廟天井集合完畢，然後行進前往園區的聖湖來滌淨自己。類似的裝扮與同樣的光頭，讓人難以在火炬的光線搖曳中辨別出誰是誰來，僅有的線索是腳部的律動與身形的高矮。

來到湖邊之後，祭司們會把行頭交給在一旁候著的侍者，然後進入水裡。他們會步下石階直到全身浸在水中。只要身為祭司，每一個人身上的毛都會剃除乾淨，而代表著淨化的此舉需要每天進行，換句話說這是祭司工作的一環。祭司之間此時傳起一碗液體，由眾人輪流啜飲之後再唾還回去。那液體的本體是摻了水的奈純，畢竟神明可不會青睞有口臭之人。

雖然已經是做過無數遍的例行公事，但沛瑟還是很不習慣得動輒從冰冷的水裡走出來，雖然他也承認經過這麼一浸，自己確實出落得分外乾淨、分外警醒，實在要抱怨就真的是冷了一點。把自己弄乾之後，祭司們會被遞上乾淨到發亮的服裝，由此他們將繼續準備晨間的儀典。

沛瑟對祭司活動的積極參與，已經行之有年。他的父親曾親獲阿蒙霍特普本人的派任，而這項榮譽也由沛瑟所繼承。在古埃及，祭司是一種必要的存在。技術上，法老就是服侍眾神的大祭司，他必須要守護好神祇的庇蔭，這樣宇宙的秩序「瑪特」才可以獲得維繫。問題是神明那麼多，法老卻只有一個。分身乏術的法老就算有心，也無法每天同時間在各地出現，畢竟尼羅河從上游到下游有數十間大小廟宇，遑論還有神廟不斷增加的努比亞來湊熱鬧。除了底比斯等大型政經中心裡有主神級的神明需要照應，外加曼菲斯是卜塔的根據地，其他每一小區也有自己在地的守護神祇。

不用擔心光阿蒙—瑞一尊大神，會塞不滿沛瑟與祭司同僚每天的工作行程，因為阿蒙—瑞身邊的一千親戚，也都在埃及的榮辱大計中扮演一定的角色，所以同樣怠慢不得。在底比斯，阿蒙—瑞的妻子慕特（Mut）有屬於自己的廟宇，也有專門侍奉自己的祭司群，而他們的兒子孔蘇（Khonsu）也不容小覷。要撐起陣容如此浩大的多神信仰，需要的人力物力不難想像會非常龐大。阿蒙—瑞在底比斯的神廟名下有多筆土地，多半出租給佃農，由佃農提供勞力來換取生計所需，而扣除佃農生計以外所剩餘的穀物與其他農作物，大部分都會進到神廟的倉儲，再由這個穀倉來養活萬千祭祀從業人員。除了農作物，神廟也養了大批的牛，另外還有五花八門，各式各樣的物品來自於樂捐與不樂之捐。

埃及的各神廟裡會有祭司，是為了服侍神明。不同於西方社會裡常見的基督信仰神父與猶太教拉比[2]（rabbi），祭司並不具有為個人解惑輔導與擔任教區領袖的功能。

他們的工作是代表至高無上的大祭司，也就是法老本人——履行合宜的儀典，藉以與神祇保持融洽的關係。至於一般的埃及庶民要不要拜神，拜不拜得到神，則不在他們關心的事項之列。

為了準備要獻給神祇的食物，並餵飽大大小小的祭司與廟方人員，麵包與啤酒師傅都不可或缺，更別說廟內還得養著屠夫來處理肉品、織匠來生產亞麻新布供祭司穿著，洗滌工來確保每一樣東西都乾淨而純潔，外加一票其他屬性的工人來負責專門的任務。家大業大到這種程度，各種資源與人員流通的記錄與監督，自然會相當繁瑣，而也就代表官僚的需求很大——所以不意外地，你會在神廟裡看到眾多監官、書記與會計的身影。

沛瑟的頭銜是阿蒙—瑞的四號祭司，而這個職位的重要性固然不在話下，卻總是得被三號、二號與一號祭司壓在底下。假以時日，他也許有機會往上爬，前提是前三號的祭司得開缺，畢竟人不

2 猶太人的特別階層，主要為有學問的學者，是老師，也是智者的象徵。

可能都長命百歲。但仔細想想也無所謂，因為四號祭司也是祭司，而且他服侍的是埃及的主神，這頭銜已夠讓他在位於尼羅河上游幾天路程的老家與鄉親之間，非常吃得開。

就跟多數的祭司同事一樣，沛瑟並不是全職服務阿蒙—瑞。回到家裡，他另外有書記的專業，祭司的部分只是一年三回，每回一個月的兼職。這種讓祭司輪替的系統，可以有效防止祭司這個族群變得過於強大，而沛瑟也覺得這讓他的工作變得輕鬆許多——比起當個全職祭司，這樣的安排壓力小多了。正所謂小別勝新婚，他甚至會對有時有刻的祭司工作懷抱期待，因為那就像夏令營一樣可以讓他暫時脫離無聊的記帳生涯，外加不少神廟同事都挺討他喜歡，畢竟他們全都受過教育，頂多是有人會在營舍裡打鼾，有一點點煩。作為社區裡識字而且通曉宗教儀典的一員，沛瑟會在祭司「教召」之間為鄰人提供宗教儀式服務來賺點外快。具體而言他會幫忙街坊寫信給已逝的親戚，因為他們時不時會需要動用這些在陰間的「人脈」，替他們處理一些急事。

淨身完畢且徹底清醒之後，祭司步行穿越了天仍未亮的中央天井，來到一個規模稍小的庭院之中。這個閒雜人等不得擅入的區域，只限祭司跟儀典的助手在場。而且愈是往圍住的核心裡走，門禁就愈發森嚴。沛瑟自己就常想，一般的埃及人究竟對阿蒙—瑞神廟裡發生的事情知道多少。像封鎖線一樣將神廟內院與大底比斯其餘地方徹底隔開的，是四面一堵堵壯觀的圍牆。如果圍牆會說話，那它們的台詞就是：「離這遠一點！」一般人若有正事要來到神廟，他們可以在外層的天井把各種事情處理好，而有些人來到天井的目的，是要留下一塊小小的石碑來感謝神傾聽他們的禱告。這些小石板上頭通常會刻畫著一或多隻耳朵的圖案。訪客能夠在此看到眾多的神廟員工在分頭忙碌，但再往前，一般人就不得其門而入了。而說起門，你也會在此看到左右成對，一道道巨大的塔門接續構成通往核心聖域的神祕門徑。

要是真能再往前，那埃及庶民會被撐起塔門屋頂、五彩繽紛的梁柱給閃到眼睛。塔門徑中白天時的採光，會由接近天花板牆上的長方形間隙來供應，而沿途的牆面上會滿布銘文，宣揚著圖特摩斯三世等先王與現任阿蒙霍特普二世的豐功偉業。閃閃發光的方尖碑，可以從數英哩以外的地方看到，而一間間側室裡則收藏著各種令人瞠目結舌的財富象徵。如在某個房間裡，你會看到一艘神聖的三桅帆船：這艘小船上有神龕可供神像在節慶時搭乘。進入塔門後的每一個區域，都會在空間與面積上不斷地縮緊，直到來到路底的最後一個房間，前面再也走不下去，神明就會在那兒的聖堂裡安棲。

東方若有似無的光芒，顯示著晨間的儀式即將在數分鐘後登場。藉由火炬的光芒，沛瑟可以看見神廟的內廷一塵不染，惟那只是內殿的日常。能有這樣的光景，瓦布祭司（wab-priest）的付出就不能不提。身為一種學徒般的存在，瓦布祭司的工作就是確保每個地方跟每樣東西都能達到一定程度的純淨，包含林林總總各種儀式用品。一字排開在塔門尾廳前方的一張張桌子上，有配得上至高神明的美酒佳餚，有一定量的薰香焚燒在爐子裡，有一套具體而微的服裝與首飾，這此外就是油、胭脂，與上好的亞麻布匹。

沛瑟與諸祭司排好隊，然後只見捍衛著尾廳的門板一片片解除封印，獲得開啟。此一活動的每

阿蒙—瑞神。

一個步驟與階段，都有相應的莊嚴台詞需要誦念。而門一打開，裡面立刻因為薰煙而滿室生香，隨即便有一名專事誦經的祭司開始動起了嘴巴，等著其他人慢慢加入合唱。

祂的美好可見於南方的天際
祂的美好可見於北方的天際
祂的美麗征服了一顆顆心
祂的美好會讓人垂下兵器
祂美麗的形體會讓人動不了手
看到祂的模樣，誰的心臟都會無力一下

在狹小尾廳的最後方，是一個石製的祭壇，而祭壇本身也有被封印的門板，得由侍奉阿蒙—瑞神的一號神僕跨過火光來開啟，過程中台詞的誦念依舊不間斷。隨著門板向後開展，出現在眾人面前的是一副超凡的景象：一尊石像有著內嵌的雙眼，身著皇族的行頭，還裝飾有象徵性的珠寶。石像的身形不過正常成年男性的一半大，但氣場卻強大到讓沛瑟與在場的祭司大軍受到了徹底的震懾，為此他們獻上了自己全副的敬畏，完全沒有打折。

埃及祭司並不崇拜具體的神像本身。他們相信特定的神明是真的在場而附在神像之上，因此他們可以在聖所直接對神明講話，或是予以讚揚。

第一神僕包辦了大部分的儀式流程。首先，他得把神像徹底扒光，讓阿蒙—瑞神做好接受潔淨的預備。服裝被擱到一旁，神像被用嶄新而淨化過的亞麻布拭過，然後塗上帶香氣的油。人們在神像臉上塗抹化妝品，接著換上乾淨的衣服。固定的進程是先穿乾淨的白色衣裳，然後依序是綠色布料的衣服，與紅色布料的衣服。接著會拿出一組綜合珠寶，讓阿蒙—瑞神戴上金項鍊、加上冠冕，然後將一件上好的亞麻袍子畢恭畢敬地罩在稍早白綠紅三件衣服的外面，至於沛瑟與其他祭司則在祭壇外邊提供極盡奉承之能事的祭文合聲。

獨一無二，萬物的創造者
從其雙眼裡，人類有了形體
從其嘴裡，眾神獲得生機

造百草，賦予
牛羊豬與綿羊生命……
祂也讓河裡的魚兒有了生命
乃至於空中的飛禽
祂讓在蛋殼裡的東西有了氣息
讓蛇的子嗣得以活生生地爬行
然後是蒼蠅
是爬著的東西，跳著的東西，諸如此類
讓在洞裡的鼠輩獲得供應
讚美祢，這一切的創造者。
獨一無二，千手萬臂的祢！
夜裡萬物皆睡，唯祢獨醒，
把對祂的羊群有益之事，加以找尋。

就這樣，埃及主神完成了一日之計，但還得把肚子填飽，才有執行的力氣。若干碟可口的食

祭司合力扛起上頭安放著某尊神像的三桅帆船模型，在節慶中遊行。

物與一罐罐飲品被置於阿蒙—瑞神的面前，誦經與歌唱都仍在繼續。第一神僕緩緩地向後一邊退出了祭壇，一邊抹去每一道足跡，不讓可能造成一絲不良影響的東西遺留於地板。最後他關上門，用繩結與團狀的陶土加以封印。阿蒙—瑞就此獲得了敬拜、妝點與奉養，至少早上的部分已功德圓滿。

這之後，起碼還有午餐與晚餐各一次參拜，然後神像就會被鎖進祭壇，直到隔天早上才會重開。這是個會不斷進行下去的循環，日復一日，直到沛瑟當值的服事期間結束為止。偶爾遇到節慶，阿蒙—瑞神會從祭壇起駕——當然是在人力的輔助下——離開神廟的範圍。雖然不免會有無聊乏味的時候，但整體而言，沛瑟對於神廟的勤務還算樂在其中，畢竟額外的好處也是有的。比方說，他在神廟裡吃得很好。堆得滿坑滿谷的食物固然是用來討神明歡心，但祭祀完畢卻會分發給真的需要吃飯的祭司們，而這也讓他們非常感激。天上神仙的剩菜剩飯，在地下凡胎的嘴裡也是美味大餐。這種也許只輸給法老的待遇，說是吃飯界的一人之下萬人之上也不為過。

祭司在儀式與儀式之間，也不能怎麼閒著，而在他們得去完成的眾多工作當中，少不了剃毛，包括自己刮不到的地方得請其他祭司代勞。在神廟工作的另外一個好康，在於這裡有豐富的資料庫，你對任何問題的好奇心都有機會獲得滿足。而且更讓沛瑟喜出望外的是祭司之間往往頗有奠基於求知欲的同事愛，大家對於知識的討論往往會非常精采。比方說像今天早上吧，沛瑟就丟出了一個問題是：「在阿蒙—瑞神面前讚美祂創造出在地上爬的蛇啊，或討厭的蒼蠅啊，還有洞裡的老鼠啊，讓我覺得不太愉快，我的這種想法是否不太應該？我對這些生物都非常反感！蛇是會要命的東西，蒼蠅很噁心，老鼠老是在我家的穀倉裡偷吃東西！」多數祭司同事的想法都與沛瑟相同，而知道「吾道不孤」也讓沛瑟感覺十分受用，但該進行的誦念與歌唱都不能因此歇手。畢竟那些經文與歌詞都是亙久流傳下來的金言玉語，而阿蒙—瑞神作為強大威猛的底比斯大神，就是下了要他們把這些文字誦念出來的命令——包括對蒼蠅蛇鼠的讚美都不能略去。

(05:00-06:00)

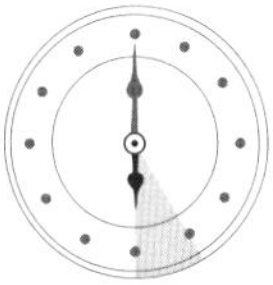

第6章 夜間的第十二個小時

農人展開新的一日

如所觀察到的，這群人為了收穫所付出的辛勞，要少於全世界任何一個人，包括其他的埃及人；他們不需要犁田，也不需要鋤草，更不需要從事一般人耕耘時所需要的每一種手段；他們只需要等河流自動自發地在他們的田地上氾濫；然後等水退了，農夫便會一個個在所屬的田地上播種，接著放出豬隻去踐踏田地，把種子踩進田裡，然後就可以等待收成了。等到作物收成了，需要脫殼了，豬隻又會再代勞一遍，然後麥子就可以儲存起來了。

——希羅多德《歷史》第二卷

東方的地平線上，太陽勉強算是剛剛破曉，赫努就從地板的睡墊上醒來在自家小小的房子裡。他在推開亞麻被單時小心翼翼不發出聲音，為的是不要吵醒還在睡的家人。然後他站起了身，伸了個懶腰，去另一個房間進行工作前的預備。他從房間角落抓起一壺啤酒，稀哩呼嚕灌了一口，配上一塊麵包，再咬了一口洋蔥，就出門去了。外頭還真有點冷，但沒多久等瑞神從東方整個升起來後，感覺就會暖和了。

今天眼看又是忙碌的一天，畢竟此時正是一年當中最忙的季節。氾濫了好幾個月的尼羅河水，終於退了下去。有了河水帶來並留下的肥沃坋土，重見天日的良田都恢復了地力；確實，作物的種植已經開始。赫努的那塊地算是相對好處理，而阿蒙神的祭司群把地租給他，求的是一定量——或應該說很大量——的產出，可以進到他們的穀倉與庫房。不過即使如此，赫努剩下的收穫還是足以供應他一家大小一年所需，甚至還能剩下一些去與各行各業以物易物。

整體而言，種植一大片二粒小麥與大麥這兩種古埃及基本主食——麵包與啤酒——所需要的主要材料，只有播種及收割這兩樣活兒算是稍微辛苦一點，其他都算輕鬆。每逢一年一度的氾濫時節，田地會在水裡一泡就是數月，而等水一退，大家就得忙著重新劃界，灌溉渠道也得修理。土地可能需要耕作，也可能不用。如果需要的話，那農夫就得讓雙手辛苦一下，不然就是去借兩頭牛來扮演自己有力的助手。

埃及的曆法包含十二個月，每個月三十天，另外每年有五天會被指定為神明的壽辰，藉此來構成實際上的太陽年。而我們現在了解的地球公轉太陽一年，是三百六十五又四分之一天，所以每四年要有一年閏年。作為以農立國的社會，埃及人的一年被分成三季，每季四個月，分別是氾濫季、成長季，以及收穫季。為了表達特定的日期，古埃及人會加入法老統治的元素，比方說他們會形容某一天是：阿克黑波汝・阿蒙霍特普治下的第十二年、收穫季的第三個月與第十七天。

這天，赫努必須要在能夠播種之前為自家土地的一小角翻土，這可是件辛苦的工作。當然，他名下有隻母牛，還有兩頭山羊，外加若干其他的家畜，但母牛的工作是產乳，而不受控的山羊根本不讓人套上農具。所幸他的鄰居兼好友賽尼是個牧牛人，而只要用一籃子新鮮蔬菜去交換，赫努就能從他那兒借到兩頭粗壯的公牛來使用幾個小時。賽尼已經起床解開牛隻，兩人即將出發前往不遠處的田地。憑藉務農一輩子的技術，他們很快就把牛軛架在左右兩頭牛的身上，並用繩子把頗具份量的木犁綁好，準備由牛兒拖著去把土壤翻軟。

新王國時期的古埃及人並不使用硬幣或其他型態的通貨，所以麵包與啤酒等主食都常被用來當成支付的工具。以物易物很常見，人們並根據銅的標準重量設計了一種交易的單位，名稱叫作「德本」（deben），大約是九十公克。不同商貨的價格可以用它們與德本的相對價值來進行測量。

要搞定受氾濫影響的農地面積，可能得耗上他們好幾個小時，而且過程有時候並不輕鬆。即便有賽尼願意導引牛兒四處轉換方向，赫努也還是必須要施以下壓力來讓犁插進土裡且保持直線前進。不過只要土翻好，接下來的播種就輕鬆多了。他只需要把裝滿種子的小包包戴在身上，用手撒播出去，最後由綿羊、豬隻、驢子或牛兒用蹄子把種子踩進土裡便是。這之後要讓種子順利生長，他需要做的只是讓水道保持潔淨與暢通。穀物在接下來的幾個月裡不需要特別照顧，也可以發芽茁壯，頂多是偶爾視需要鋤個草，或者是對土地或河流中的害蟲或動物稍加驅趕。

這種乍看之下有如不勞而獲的狀況，讓某些菁英瞧不太起農夫，他們會覺得務農是一種可笑的行當，但實情並非他們所想的那樣。不少農夫會一年到頭種植不同的作物，包括洋蔥、小黃瓜、甜

犁田的農人在為土地進行耕種前的準備。

瓜、萵苣與葡萄等蔬果。這類農田會設在隆起的土地上，因此必須由人力持之以恆地進行灌溉與維護。在多數案例中，這些額外的田地都得以人力去犁，灌溉用的水也得由農夫不厭其煩地挑來，然後用又大又重的水甕去分配。

除了體力操勞對身體造成的損傷以外，農夫還得面對潛伏在田野中的其他危險，包括惡名昭彰的蛇蠍。令人聞風喪膽的眼鏡蛇，尤其會在農作物抽高而茂密的時候大駕光臨。萬一與牠狹路相逢，事情就麻煩了，因為一旦被眼鏡蛇咬到，後果往往是凶多吉少。十二年前，赫努的親生父親就是喪生於眼鏡蛇的毒液，地方上的巫醫用上了葫蘆裡的每一種藥品與每一則咒語，還是沒能救回他的性命。除了眼鏡蛇，其他的毒蛇還有角蝰也不好惹，但眼鏡蛇的可怕之處是牠還能在短距離內瞄準人的眼睛射出毒液，倒楣鬼就會因此失去光明。

除了蛇以外，蠍子也不容小覷。蠍子會在各種你想不到的地方現身，有時候在石頭底下，有時候在家具縫隙處，而這都會讓人的雙手或足部防不勝防。雖然會造成劇痛與發燒的症狀，但蠍子基本殺不死成年人，不過小孩子就很難說了。蛇蠍都有可能潛入家中並躲藏在死角，一經擾動就會使出殺招。

作為一種讓人敬畏的危險生物，眼鏡蛇是古埃及一種強大的象徵物，牠有時候會出現在皇家頭飾的前額，藉此反映出統治者不可侵犯的威嚴。眼鏡蛇女神在當時是太陽神本人眼睛的化身，保護與捍衛法老是她的職責所在。

河水氾濫期間無法種田，但多數農民也不會就此賦閒。他們會被安排在家工作，或是去扮演其他行業的幫手。再者就是國家一有任何需要人力——甚至於是蠻力——去投入來完成的計畫，他們都有可能成百上千地遭到徵召。赫努聽說在遙遠的北方就有遠古法老的陵墓大到不可思議，而那背後靠的就是農夫的努力。但有老婆跟小孩要養，還有蔬菜要種的他，可是一點都不想要為此離鄉背井。

古埃及的文學作品《各行各業的勸世文》（*Satire of the Trades*）曾用各行各業的恐怖之處去嚇唬書記的學徒，而書中舉的例子就包括各種農業，尤其是葡萄農：「以葡萄為主要作物的農夫會以雙肩背負木軛，他的頸子會腫脹，會化膿潰爛。他會一整個早上都在灌溉韭菜，夜裡則得培育芫荽，夾在中間的午間則得泡在棕櫚樹叢裡。沒有什麼其他行業，會比這些人更容易過勞死。」

收成絕對不是什麼好玩的事情。穀物的莖部得用手割下，然後成果得脫殼、去除糠皮。這樣取得的穀物子實，會有一定量被儲存在與住家相連的庶民穀倉裡，但大多數還是會上繳給地主，以赫努為例就是阿蒙神的祭司階級。時間來到某個點上，他們自然會帶著書吏來到農家，取走他們的份，其中用穀物莖稈做成的稻草可以用來飼養動物，或是給製磚的師傅當成材料。收割亞麻也不是什麼輕鬆的農活。這種植物得先經過繁複的處理，其纖維才能被加工成為布料，但那些事交給織工去煩惱就好。

即便找得到像銅之類的金屬，埃及農夫仍會經常使用以燧石鋸齒為刃的木製鐮刀。這種技術從農業露出第一道曙光之際，就已經為人類所使用。雖說木製的握把放久會爛，但燧石鐮刀刃這種耐久材質的發現，仍讓考古學者認為務農應該是早在遠古的某個地點，就已經有人在做的事情。

藉由賽尼的幫助，赫努應該可以在一個小時左右的時間裡處理好他要顧的田地。然後他會去自家外圍巡一圈，看四面的水圳有沒有異狀。如果一切正常，那他會順道回家去吃兩口東西，然後再取一些手工工具讓家裡那頭驢子背著，前往上午稍晚一些要工作的地方：菜園。按照人情世故，赫努覺得自己好像應該招呼賽尼來用個晚餐。賽尼是個光棍，他在離其所牧養之牛兒不遠處用樹枝搭了間簡陋小木屋，常常就睡在那兒。赫努經常邀他過來吃個便飯，但他的太太穆騰薇亞相當反彈，她覺得這人髒就算了，講話又無聊。她說他老帶著一身啤酒酒臭現身，然後明明是客人，灌起酒來又沒什麼分寸。說真的，老婆的話好像也有幾分道理。

赫努知道等他回家巡完灌溉水圳，短暫回一下家的時候，穆騰薇亞肯定已經忙著在做麵包了。再沒多久，她就會開始準備晚上的正餐，而那在很多日子裡都會是赫努一天行程的高潮。經常出現在他們晚餐桌上的，是用自家收成做出的蔬菜羹，並用鹽巴跟芫荽加以提味。當然也可能他們會跟人交易來某種食材，像烤魚就是種永遠不能排除的可能性。漁夫馬努就住在路的前頭，而他差不多的日子裡都會備有好貨。

新王國時期，埃及菁英官僚的不少陵墓，都會內藏有美麗的壁畫來描繪農業活動，那是他們的期望中，烏托邦一般的來世樣本。有趣的是，你會看到尊貴不凡的官員或陵墓主人穿著一身最稱頭的亞麻褶裙，帶著老婆在壁畫中的田野上犁地，很顯然是要表達他們多不費吹灰之力地為豐收貢獻了一己之力。對逝者獻祭的場面，你會經常看到滿桌的農產，外加豪邁的肉塊。時不時甚至會有一籃籃真正的食品被放置於陵墓當中，以免木乃伊餓著。

偶爾，赫努會宰隻家裡的羊或豬，特別是當牲畜的數量繁衍起來之際。綿羊尾巴的肥油特別有用，因為那可以拿來煎煮其他食材。但牛，則有免死金牌，他不會去碰。牛奶幾乎是每天的日常所需。牛肉，是有錢人吃的東西，赫努一家一年吃不到一次，而且還得配合婚宴或喪葬等特殊場合。

赫努用力把犁往下壓，而他的朋友則負責在前面牽牛。雖說工作是牧牛，但賽尼的牛沒有一頭在自己名下。這些牛就跟赫努耕作的土地一樣，都是神廟階級的財產，賽尼只是領固定的麵包與啤酒配給當薪水，來負責牧牛的工作。說起牧牛這工作，也是會有零星的專業之處，但基本上就是別讓牛餓到、渴到，讓牛健健康康的就行了。這過程中，他可能得把十二頭牛從甲地趕到乙地，然後就是找個舒服的地方坐著，因為這一坐可能就非常久。至於所謂零星的專業技能，可能包括幫牛處理小傷小痛，包括在牛脾氣比較大的動物之間扮演和事佬，也包括替母牛接生，然後把小牛犢照顧好。當然如果是重傷或大病，牛兒還是得依靠獸醫。

埃及人年復一年念茲在茲的，是尼羅河的水位高低。水位要是太高，村莊就可能會遭殃，但水位要是太低，則作物的豐收程度就可能出問題，要知道飢荒一來可是會要命的。由此，埃及人沿尼羅河畔建造了監控水位的裝置。這種被學者稱為「尼羅丈量儀」（Nilometer）的裝置，至今還有幾個留存了下來。人們會用祈禱來安撫尼羅河神哈丕（Hapi），哈丕最常見的形象是個綠皮膚的胖子，頭頂是個長著植物的空中花園。

一段時間裡，犁田的工作將繼續下去。賽尼領著牛在田野裡趴趴走，而赫努則負責翻攪土壤。日頭繼續緩慢地劃過天空，就跟在黑土地上務農的日常一樣不會更動。不論是對太陽還是對於赫努來講，生活的腳步都永遠不會停下。

(06:00-07:00)

第7章 日間的第一個小時

主婦做麵包

君主給歐西里斯大神的一分獻禮，希望藉此他將來能繼續獻上一千條麵包、一千壺啤酒、牛隻與家禽、雪花石膏與服飾來當作祭禮。

——**常見於祭文當中的獻禮銘文**

穆騰薇亞終於在射進家中的陽光裡醒來。遠遠地她可以聽見牧牛的賽尼在吼著兩頭牛。「你可以再吵一點。」穆騰薇亞這麼說是在遷怒賽尼，免得心裡老想著自己真的得起床了。她確實是睡晚了，但如今她已然起身開始思索一天的行程：去給母牛擠奶、餵飽小孩跟赫努的寡母卡塔貝、製作麵包與啤酒、縫補與洗滌衣服、照顧動物、再把家人餵飽些……家務是一條沒有盡頭的不歸路。

環顧她身處有著三個房間的小屋，穆騰薇亞並沒有多去想自己的生活有多重複，但事實是除了偶爾的生老病死或宗教節慶，每天的生活其實都大同小異。一般來講早上醒來，她的丈夫總已經出門工作，而孩子則會緊貼在她身邊熟睡，再來就是一旁有她的婆婆在發出響亮而穩定的鼾聲。

穆騰薇亞抓起牛奶壺，差點被一對在前房聒叫著的鵝給絆倒，然後她瞇起眼睛在刺目的陽光中，找著了繫在家門前不遠處的母牛。對於擠奶這件事，母牛已經習以為常到不以為意。牠繼續心滿意足地嚼著牠的乾草，任由穆騰薇亞裝滿了一壺牛乳。帶著戰利品回到屋內的穆騰薇亞喚醒了孩子，然後給他們各目弄了一碗糊狀的東西，其實也就是麵包泡在新鮮牛奶裡。卡塔貝也已經醒來並與孩子們坐在一起，而穆騰薇亞則趁他們吃東西時套上了一件款式簡單的及腰短裙，而這也就是她全身上下，一整天的行頭了。

穆騰薇亞只有三個小孩，兩個都還不到四歲的小男生，和一個六歲的女孩兒，三個人都還小到不論在家中還是田裡，都幫不上什麼忙，惟小女兒確實會在她左右跟前跟後，媽媽做什麼她就做什麼。一整天下來，牙齒幾乎掉光且身體稍嫌虛弱的卡塔貝會在家幫忙看著孩子，好讓穆騰薇亞有空幹活，不用擔心孩子會遇上麻煩與危險。讓孩子活著長大成人，就是卡塔貝的盼望與工作。

這個家裡的麵包與啤酒存量，已經幾乎用光，而這也代表再多做點這種經典埃及主食的時候到了。尼羅河對埃及農業的庇蔭，幾乎確保了黑土地上不會有飢民，甚至就算尼羅河的氾濫偶爾不盡人意，埃及人也有餘裕儲存在大大小小的穀倉裡。事實上這片土地的生產力之高，利比亞及迦南的部落都會偶爾漂流到下埃及來躲避家鄉的飢荒。

把從田地裡收成的麥粒變成麵粉的過程，會在埃及麵包裡留下一定量的石礫，另外就是沙漠地帶的風勢也多少帶來些沙礫。這些粗硬的雜質，對食用者的牙口是一大災難，不少出土的頭骨或木乃伊都證明了埃及人牙齒的磨損極大。

穆騰薇亞把手伸進建於屋子一側，不算大的磚造穀倉，然後裝滿了一籃子粗糧，帶進屋內一處已有石磨待命的角落。雙膝跪地就定位後，她扔了幾把麥子到石磨上，然後前傾著身體，用磨子上那顆圓石對麥粒又是捶打，又是滾壓，用意是想把麥子粉碎成麵粉。來來回回一遍又一遍，她把磨出來的麵粉倒進一個淺淺的碗裡，然後再加入更多的麥子到石磨裡。等麵粉的量差不多夠了，她會倒一點點水到碗裡，然後開始揉麵，兩手並用地又是攪、又是抓，又是扭。

進入烤的程序，穆騰薇亞有兩個選項。有時候她會把麵團塞進一個圓錐狀的陶器模具裡，然後在其下方或周圍生火。或著她還可以把一個小巧的圓拱烤窯弄熱，再將麵團薄薄地拍在烤窯的壁上，等烹煮到一個程度後就能撕下來。穆騰薇亞選擇了前者，把麵團填入好幾種模具，並將之加到她生起在灰燼上一團愈燒愈烈的火焰上。這之後就是火候的問題了，成功的標準是不要烤焦。

製作麵包前的準備——埃及人在給麥子去除糠皮（上）；測量麥子的存量（下）。

麵包是神廟給神的獻禮中，很招牌的一樣，而且量非常大。在新王國時期的拉美西斯治下，有次慶祝阿蒙—瑞與底比斯諸神的節日紀錄裡曾提到「精緻的麵包」多達兩百八十四萬四千三百五十七條。

說完了麵包，很自然就會想到啤酒，做啤酒除了要設法取來乾淨的河水以外，難度是相對低的。穆騰薇亞把兩塊大麥麵包塞進了靠著牆的一對大壺中，然後各自加入取自赫努花園中栽種的若干椰棗；心血來潮加上剛好有備料的話，她會添點蜂蜜。最後，她在罐子的側邊刮出了記號，以便與單純的水及剩下的舊啤酒有所區隔。

沒有人不喝啤酒。釀成啤酒，河水裡的某種怪味就喝不太出來了，再來有一說是喝啤酒比較健康。這啤酒不能釀得太烈，否則會影響工作。穆騰薇亞自然不會不知道這點生活小智慧，所以她會仔細留意發酵的過程。幾天後啤酒釀得差不多了，再把原本是大麥麵包的軟爛酒渣與泡爛的椰棗濾除。不過即便是這樣的淡啤酒，喝多了還是可以醉到不省人事，賽尼就是活生生的例子。

跟牛肉一樣，葡萄酒也是有錢人的專利，不然就是要特殊場合才嘗得到。惟由於赫努的花園裡種了好幾種葡萄，因此穆騰薇亞稍微嘗試了自釀葡萄酒，而她覺得做起來好像也不是太困難：把葡萄榨汁置入罐中，然後就等著果汁變成醇酒。她得到的成果不算太好，卡塔貝喝了這甜度太高的東西之後變得醉醺醺而發傻，顯然穆騰薇亞在做法上還沒有抓到訣竅。專業的釀酒者肯定是這方面的專家——穆騰薇亞看過不知凡幾的帆船駛抵底比斯港，卸下了大量的葡萄酒容器，跟她的成品差別不可以道里計，不然葡萄酒在埃及也不會那麼受到歡迎。她聽說不少運酒來的船隻都源自於下埃及，還有些酒進口自迦南或其他遙遠的異國土地。

麵包烤了，啤酒釀了，但這天依舊有一大堆事情要做。洗衣服是下一樣。洗衣服可以讓孩子們跟，前提是他們玩耍時得離河岸邊有一段安全距離。長短裙子、上衣、連身的衣物，還有兜襠布，通通堆放在一個大籃子裡，而穆騰薇亞將之平衡在頭頂，就這樣走到尼羅河邊。沖刷到河邊的圓潤石頭可以用作刷洗與把汙垢敲擊出來的工具。赫努經常把衣服弄得髒兮兮，畢竟田地與花園是他工作的場域，但小朋友就不會給穆騰薇亞製造這種問題，畢竟他們大部分時間都是赤身裸體，至於這些小傢伙把身體弄得一身灰或一身泥，那又是另外一回事情了。

洗衣的區域，也是穆騰薇亞去增進見聞，跟地方上的其他媽媽有所交流的好地方。穆騰薇亞可以邊工作邊聽取或分享各種政治傳聞、道聽塗說、街頭巷尾的婚喪喜慶，乃至於持家上的各種建議。洗衣服本身雖然無聊至極，但與街坊的其他女性進行社交卻是一天當中很值得開心的事情。衣服洗好後會被帶回家中，利用日曬晾乾。

回到家以後，穆騰薇亞會指示孩子抱起滿懷的稻草。小朋友能抱起的稻草不多，相對於真正需要的草量來講可以說是杯水車薪，但這是很好的練習，等他們長大了之後就可以獨立工作得非常順利。少許穀物會被四處撒在地上來餵鴨，而穆騰薇亞則可以趁此空檔掃地，目標是無意間掉在室內地板上的髒東西。衣服乾了以後，總會有幾件需要縫補，到時候穆騰薇亞就會盤腿坐在門口附近的墊子上來進行這項作業。

在埃及藝術中，男性很典型地被描繪成有著偏紅色的皮膚，而女性的膚色則往往偏向黃色。這有一種標準的解釋，是藝術作品在反映古代的兩性分工，其中男性多半在外操勞，而女性的工作則是以室內的家務為主，亦即男主外、女主內。惟可以確信的事實是不少家務也會讓女性必須外出，因而曝露在會讓人膚色變深的陽光底下。

午後會有算是輕食的一餐飯，內容會包括固定的麵包、啤酒，還有一些蔬果。幾片甜瓜及生洋蔥，就能讓人一路飽到晚餐前。說起晚餐，這天晚上的菜色多半會是羹湯與烤魚，全家人的最愛。但在全家可以大快朵頤之前，穆騰薇亞得先帶著麵包到河邊去與人交換鮮魚，說得更精確是尼羅河的淡水鱸魚。赫努會在天黑之前到家，然後他無疑會對自己工作了一天有多辛苦夸夸其言，同時卻無視於他太太也終日不得閒，而且一堆家務不是本身讓人討厭，就是會讓體力大量耗費。但赫努倒是有一樣好處，那就是他總會帶回一些木頭或樹枝堆在穀倉旁邊，需要時可以取來維繫家中的柴火。所以這老公也不算是一無是處吧，穆騰薇亞這麼告訴自己。

壞消息是她猜想賽尼會是今天晚餐的不速之客，而且還可能會醉醺醺地出現，然後一上門就喊著要喝啤酒，畢竟赫努今天是去找他合作。他老是滔滔不絕地講著一些無聊的話題，然後總是會在無意間脫口而出對穆騰薇亞、卡塔貝或孩子們的羞辱。除此之外，他還是個很能耗費糧食的吃貨。惟即便賽尼的毛病這麼多，赫努還是不以為意地交著這個朋友。每回來作客，賽尼的模式是他會每隔一段時間，就搖搖晃晃地去街上小便，然後不知道哪一次就會一去不返。只有確定他不會再回來了，穆騰薇亞才能開始收拾一切。

生活有時候，就是得這樣沒人感謝地做著白工，而身為埃及的家庭主婦更是要認命，她也不好抱怨什麼。

(07:00-08:00)

第8章 日間的第二個小時

採石場裡沒有什麼工作是輕鬆的……前不久有工人因為大石鬆脫，而當場一命嗚呼；另外一名工人則在把大石拖上橇板時壓碎了腳；還有人因中暑暈倒，甚至過勞猝死。

監官巡視採石場

她造出這些石碑，是為了獻給她父親底比斯之神暨卡奈克神廟的主持者，也就是阿蒙神。她給父神建造了兩座偉大的方尖碑，材料用的是來自南方的堅硬花崗岩，而碑頂則是全國各隅最頂級的天然銀金礦石，其閃亮程度在河的兩岸都清晰可見。由此只要太陽一升起在兩座方尖碑之間，其光芒將足以淹沒上下埃及，而阿蒙神也將在這樣的璀璨當中，降臨於天堂的地平線。

——位於卡奈克神廟之方尖碑底銘文，下令建造者為女性君主哈特謝普蘇特

步行到採石場，是會讓人滿身大汗的一趟。炎熱的程度讓鐵面無私的監督者皮埃幾乎要為工人掬一把同情的眼淚，但也只是想想，那眼淚絕不會真的滴下來。即便隔著一段距離，人也聽得出那震耳的石頭敲擊聲裡有各種合作或隨機的節奏。很顯然，採石場裡有好幾個案子在齊頭並進。位於埃及南境蘇努鎮（今亞斯文）外的這座採石場，是全埃及最高級花崗石的來源。出自這裡泛著紅色的頂級石材，可沿著尼羅河見於遠方一座又一座的紀念碑塔之上，當中不乏已經有數百年歷史的古老建物。

採石場裡沒有什麼工作是輕鬆的，勞力是基本，還得順道勞心也不用意外，甚至於有些任務還能偶爾供人練膽。任何時候只要牽涉到大型石塊的搬運，傷亡都在所難免，尤其最近更是極其常見。前不久就有幾個工人因為某塊大石意外鬆脫，而當場一命嗚呼；另外一名工人則在把大石從採石場拖上橇板的時候，不慎壓碎了腳。再者還有人因中暑暈倒，不然就是猝死於過勞。但對此皮埃有話要說。他想說的是這些工人大多不是外邦的俘虜，就是埃及的罪犯，所以死不足惜，操勞更是剛好而已。畢竟埃及人犯罪就是有違於瑪特，而俘虜更有著未曾生於埃及、長於埃及的原罪。努比亞是異國俘虜的大宗，畢竟努比亞與埃及的交界，就在蘇努的不遠處。

來到採石場後，皮埃看見數十名衣不蔽體的男性各自負責著不同的工作，當中包括把石塊處理成適當的大小來製造皇家雕塑。等準備就緒後，石塊就會由幾十個人用繩索拖著木橇，拖運到河邊。到了河岸邊，石塊會小心翼翼被滑上一艘有一定寬度的駁船上，由駁船順流而下前往底比斯，再由那兒的雕刻師傅把原石形塑為令人眼睛為之一亮的作品。皮埃自己就見識過不少這種等級的雕塑成品。話說皮埃不是不知道從採石場中產出花崗岩有多麼困難辛苦，但能在堅硬的石頭上刻劃出細緻的五官與繁複的象形文字，那種功夫又更讓他衷心佩服。

皮埃今天的任務是察看上頭要的那兩座方尖碑，建設進度如何。方尖碑是一種下粗而上細的石柱，最頂端有個具體而微的金字塔，而這種碑所代表的，除了瑞神的太陽光芒以外，也代表了瑞神本尊，因為瑞神也曾經在創造之初現身。皮埃上次來督導是兩個月前的事情，畢竟這裡只是歸他管的眾多採石場之一。而比起其他採石場，這裡的一個好處是距離水源近，而沒有位於沙漠深處。如果今天是要去東部沙漠裡的採石場，那就會牽涉到長途的陸路移動，而辛苦的工人得由車隊來提供後勤補給。然後等石塊切割好了，他們得先花好幾天用木橇將之拖到河邊，然後再走水路抵達運送的終點。

泛紅的花崗岩是採石場的寶貝，但處理起來卻會讓人嘔心瀝血。通常要將石塊從岩壁上取下來，做法是用輝綠岩材質的石球在花崗岩石塊的後方敲鑿出深溝，這是因為比起花崗岩，輝綠岩的硬度更勝一籌。每次敲擊，都會鑿下一小塊花崗岩，而根據目標石塊的塊頭大小，一塊花崗岩可能需要幾十人好幾天的連番敲擊，才能在石面上完成所需的溝渠。等到目標石頭因為側邊的深溝而與母岩基本分離，工人就可以開始專攻底部來解放石塊。鑿石工作的即景看來驚心動魄，惟理論上在底下墊著的石頭可以避免工人被壓扁到跟紙一樣薄。用繩子拉鬆或用工具把目標石塊撬鬆，是採石流程最後的壓軸。

相較於非常難搞的花崗岩，砂岩與石灰岩不論是要切割或雕塑，就都親切得多。金屬的鋸子在這類採石場中很管用，由此石塊將可以在幾個小時內取下，比起花崗岩作業的好幾天要快上許多。另外石灰岩雖說四處可見，但各地的品質不同。不少社會菁英的陵墓都是直接雕刻進西底比斯山區

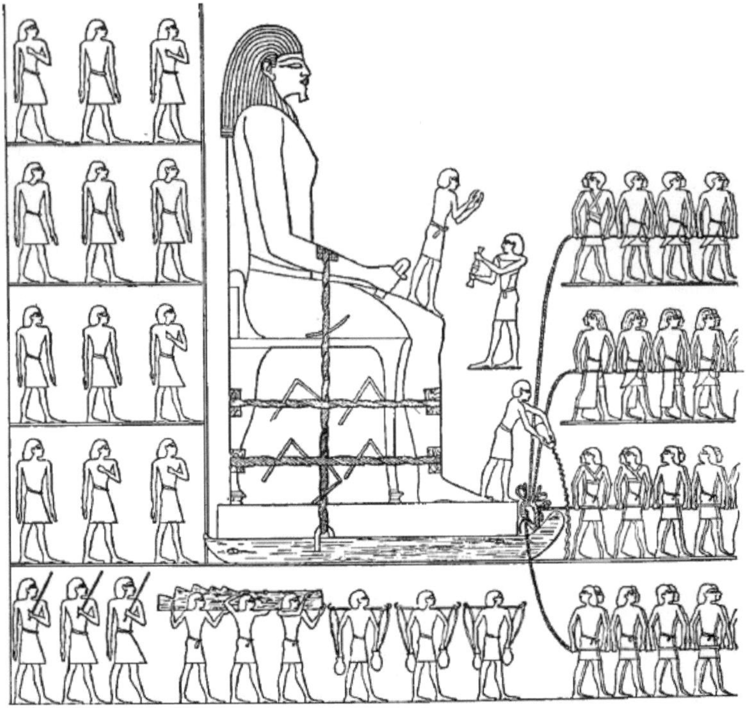

不論是為了建造方尖碑還是巨大的雕像，埃及人對石頭的處理、搬運與雕刻都十分擅長。

的厚實石灰岩層中，包括不少統治者的疑塚，即便沒有人不知道他們就埋在那。

以其在建築上的功績而言，監官的主子阿蒙霍特普遠不及諸先王的野心大。阿蒙霍特普早為人所遺忘的繼母，就很熱中於各項建案，包括她在卡奈克神廟裡設置了兩對高聳的花崗岩方尖碑，且碑頂的小金字塔都在表面鑲上了閃耀奪目的銀金礦石。她另外也沿著西底比斯的崖邊，給自己建造了極為壯觀的紀念廟堂，那地方如今雖已大致荒廢，但上頭仍驕傲地展示著精美的浮雕與石塊切割跟搬運的過程圖示。阿蒙霍特普的父王圖特摩斯下令興建了方尖碑共三對，巍然矗立在阿蒙神的底比斯神廟裡。

相對於繼母與父王蓋了很多讓人一目了然的壯麗地標，阿蒙霍特普的想法是在埃及各地補強或興建眾多略小的廟宇，包括在努比亞的那些，藉此宣揚埃及的國威。卡奈克神廟的牆上可以看見戲劇性十足的銘刻，外加國王會在東一個西一個的塔門上自吹自擂，但除此之外，阿蒙霍特普迄今未蓋出什麼驚天動地的作品，包括正在興建中的那兩座方尖碑，也都不是很夠看。相對於圖特摩斯所建的一座方尖碑達到了兩百零五腕尺[3]，阿蒙霍特普的那對方尖碑才五腕尺——簡直就是玩具！而且這對小方尖碑還不是要蓋來給雄偉的卡奈克神廟增添榮光，而是要被豎立在河中某座島上。這對小碑要用來榮耀的，不過是島上當地生著一顆山羊頭的創造神庫努牡（Khnum）。

3 Cubit。腕尺也稱為「肘」，是一種古老的長度單位，相當於從手肘到中指頂端的手臂距離。在中世紀及近代許多地區都有「肘」這個單位，惟長度並不完全相同，一般落在四十五到五十五公分之間。

現行完整保留下來最大型的方尖碑，可見於古羅馬某巴西利卡[4]旁的一處廣場上。今天以「燈籠方尖碑」之名為人所知的這座方尖碑，是由法老圖特摩斯三世下令興建，並由他的孫兒圖特摩斯四世安裝在底比斯的卡奈克神廟裡，這座碑後來在西元四世紀被羅馬人遷走，然後重新豎立在他們的馬克西穆斯競技場（Circus Maximus）中。這座方尖碑高三十二點一八公尺（七十腕尺），重約四百五十五公噸。另外一座原本有機會比這還高大的方尖碑，留在了今天亞斯文的採石場中。那座壯志未酬的方尖碑已經有了大致的雛型，本體也幾乎已經要從周遭的母岩中脫離，惟其碑身中間赫然出現一道巨大的裂痕，而那也注定了這項建案只能半途飲恨。

在底比斯土生土長的皮埃還記得自己小時候看過圖特摩斯法老的一支方尖碑被送進城裡。那在當時真是一場盛事，主要是那巨大的方尖碑在氾濫季節時乘著駁船而來，而因為氾濫而升高的水位

4 Basilica。古羅馬一種有著圓拱跟柱廊的公共建物。

也讓尖碑得以被帶到離卡奈克神廟更近的地方。那令人嘆為觀止的駁船，是專門為了這項充滿挑戰性的任務所打造出來的，由此不論在上貨或卸貨，乃至於運輸的過程中，都不會有傾斜或沉沒的疑慮。雖然他無緣親眼目睹尖碑安裝的實際流程，但皮埃知道那肯定得集合大量勞工之力，而且還得搭配上再多也不嫌多的繩索。透過巧思與蠻力，方尖碑將逐一被拖行到已經在待命的基座，然後碑柱本體就會從橫躺的水平狀態被打直起來。

一八一八年，一名招搖而高調的義大利探險家喬凡尼·貝爾佐尼（Giovanni Belzoni, 1778-1823）受命去取回發現於亞斯文南方菲萊（Philae）島上的一座方尖碑。他原本計畫是利用船運，沿尼羅河讓方尖碑順流而下，最終返回英國，但人算不如天算，方尖碑在被送上船的時候，意外落進了尼羅河中。所幸貝爾佐尼善用其工程專長，重新將方尖碑從河中撈起，這座古物方才得以於今日立於英格蘭的金斯頓·雷西（Kingston Lacy）莊園中。這座碑身上的銘文，在日後埃及象形文字的解讀中，發揮了一定的作用。

「真是可惜！」皮埃心想，因為負責這樣一個偉大計畫，然後在大獲成功後獲得褒揚，是他的夢想。底比斯的瑰麗方尖碑，都是出自此一採石場。但他如今手上所負責的卻僅是兩個大約三百五十公斤的小不點。當然這種不滿他只敢放在心裡，不會說出口。等工程告一段落後，皮埃知道他會多半只要踮起腳尖，然後把手臂舉高，就可以碰到這兩座尖碑的頂端。儘管這兩座尖碑看似不怎麼起眼，他還是會盡職地把工作做好，會確保自己不辱使命，然後再把結果回報給宰相。

在他眼前的地面上，橫臥著其中一方將成為尖碑的石塊，其四面中的三面已經被處理到表面光滑，該粗的地方粗，該細的地方細，外加其頂端也已經由粗到細地縮成一個尖點。在背景的嘈雜聲中，這座方尖碑的孿生兄弟正於不遠處進行加工，主要是其表面得敲擊到跟另一座尖碑不分軒輕的程度。無視於這些視覺與聽覺的干擾，皮埃開始了他本日前來必須完成的事務，當中包括把文字稿交付給稍後要對碑身進行裝飾的雕刻師傅。在師傅可以動刀之前，得先把文字描繪於方尖碑的表面，好讓師傅到時候有跡可循。皮埃交到自己的助手，一名名喚拉摩斯的藝術家手中的，是上頭文章的遣詞用字極其講究的莎草紙卷。在經過幾分鐘的研讀之後，拉摩斯跨上了方尖碑，手握筆墨，然後用筆尖比較直挺的邊緣開始描繪細細的格線在石頭的表面。那些直線，可以確保文字大小一致與排列對稱。

然後，從接近碑身頂端處開始，拉摩斯首先草繪起的場面是阿蒙霍特普跪著獻上包在兩尊小盆子裡的東西給庫努牡神當祭禮。畫完這個就輪到畫象形文字了。拉摩斯打開了紙卷到適當的長度，然後開始謄抄內文到被格線夾住的空間裡。這並不是件多麼複雜的作業，畢竟文章的篇幅不算長：**荷魯斯，健美而強大的猛牛、上下埃及之王，阿克黑波汝；瑞神之子，阿蒙霍特普，底比斯的神聖統治者。作為獻給他父親的庫努牡—瑞的禮物，他下令製作了兩座方尖碑要放在瑞神的聖壇上。盼望他能永世慶讚生命這份禮物。**由於碑本身的量體不算大，拉摩斯沒有花費太多時間。

拉摩斯負責的環節告一段落後，剩下就是專業石匠的事了。技術嫻熟的匠人會聚精會神地把圖畫跟文字雕刻出來，創造出賞心悅目的成果。這些工作會當場在採石場中完成——畢竟這兩座方尖碑不大，完工後的移動距離也不會太誇張。皮埃跟助手拉摩斯會在數日後回來確認製作的進度，並會在還不算太遲之前進行必要的修正。等準備好之後，這對雙胞胎尖碑就會擁有類似的銘文，但讓皮埃覺得惋惜的是上頭的要求，是碑身只有其中一面會附有銘刻。「真的很可惜。」皮埃用幾乎沒人聽得見的聲音咕噥著。除了銘文不夠多，他惋惜的還有尖碑不夠高、駁船不夠大、將來用來安置的廟宇不寬敞，還有頂端多半也不會裝飾發亮的銀金礦。畢竟這尖碑這麼矮，裝了銀金礦在上頭也只有被偷走的分兒。他的一個想像跟寄望，是或許這次的小工程只是為了大計畫進行的練習，但就看阿蒙霍特普迄今的表現，恐怕他也不好把期望設得太高。

現代埃及僅存的皇家方尖碑，只剩八座。此外還有二十二座保存在埃及以外的國家，包括法國、土耳其、英國等，同時光是羅馬一座城市就占了八座。兩座由圖特摩斯三世下令建成的方尖碑在十九世紀被取了個暱稱是「克麗奧佩特拉的繡針」，目前一座存於美國紐約的中央公園，一座則在英國倫敦的泰晤士河岸邊。出身希臘馬其頓的克麗奧佩特拉活在這兩座方尖碑建成的一千年後，但顯然埃及自帶的異國風情與埃及豔后的美名，仍足以讓這些原本就相當有看頭的建物，又更多添了幾分浪漫。

(08:00-09:00)

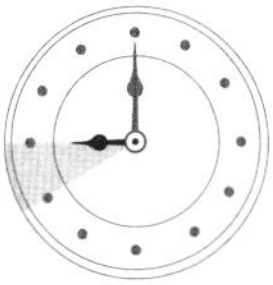

第9章　日間的第三個小時

漁夫打造出一艘輕艇

……尼羅河蘊含著各類魚種，而且數量多到令人難以置信；須知尼羅河除了讓本地居民的吃食無虞，隨時去捕撈都有鮮魚，而且吃不完的漁獲還足以供人鹽醃。

——西西里的狄奧多羅斯（Diodorus Siculus）

《歷史叢集》（*Library of History*）卷一之三十六章

馬努緩緩地朝河邊步行而去，昨夜的睡眠不斷被寶寶來到世上的聲音打斷，是他如今睡眼惺忪的主因。雖然新生命的誕生值得開心，但堆積如山的工作依舊等待著那些供魚給人吃的職人去做。好消息是尼羅河鮮少讓人失望，而鯰魚、鱸魚、吳郭魚等熱門的可食魚種長年豐沛。雖然誰都可以拿條線跟鉤子從岸上往水裡扔，但真正想多撈點魚，最好的辦法還是前進到水面上或河岸邊的濕地上，而那就代表捕魚者需要持有某種船隻。而在各類水面的載具中，最受人青睞的是一種以莎草的莖部為材料，設計並不複雜的輕艇。馬努的小艇狀況堪憐。就在前一天，船上一對摩擦久了的綁繩斷了，一大塊的船身就這樣沿江而下，一去不復返。這樣的船非修理不可，而好消息是尼羅河沿岸生長著源源不絕的材料。

在水邊等待著的是馬努的友人伊普奇，還有伊普奇的年輕兒子，胡伊。這一行三人是工作上的老搭檔了，他們會撒網在雙方的船中間，然後平分漁獲。今天他們的行程是打造一艘新的小船，而第一步就是要涉水去採收些新鮮的莎草莖放到砂質的河岸上。伊普奇自告奮勇要去收割莎草莖，而馬努則負責把抱滿懷的草莖攜回岸上。

古埃及人並不稱呼他們的生命之河為尼羅河。尼羅河的英文 Nile 源自希臘文 neilos，意思是「河谷」。古埃及人對尼羅河的真正稱呼，是伊特羅（itroo），意思很單純的是「河流」，或者伊特羅—阿（itroo-aa），意思是「偉大的河流」。埃及人認為尼羅河的源頭淌流在平坦的地球底下。現代地理學家的解說則是尼羅河有兩支上源：一個是由衣索比亞高地融雪所形成的「藍色尼羅河」，另一個則是由中非眾多湖泊所流入構成的「白色尼羅河」。藍白尼羅河在現代蘇丹的首都卡土穆附近匯流。尼羅河那曾經滋養過古埃及的自然週期，如今已因為南部的大壩而遭到嚴重破壞。今天讓埃及人受益的是電力、是水利、是氾濫的控管與一年可多季收穫的農業，但可惜的是他們也開始依賴人造的肥料。許多古蹟所在地都受到水壩所創造出來的湖泊威脅。考古學家有時得把整座神廟完整地遷移到高地，才不會讓當中的古文物泡水。

在此同時，胡伊滴水未沾地待在岸上，馬努很高興看到他正盡責地監看四週環境。雖然對比其他行當，捕魚看似與世無爭，但這一行其實也有不能輕忽的風險存在。任誰都有可能以各種方法慘死在尼羅河的水中或沼澤中。落水後被急流捲走，是打魚人家永遠的恐懼，跟掉進水裡被像蜘蛛網的水生植物纏住不相上下。不過這些都還比不上兩種最讓人聞風喪膽的埃及特產：河馬與鱷魚。

河馬是出了名的脾氣差，而且還兼具對生命財產都極具殺傷力的誇張體型與尖銳獠牙。要說哪個捕魚人沒有被這種豬一樣但生活在水裡的動物嚇出一身冷汗過，答案是沒有。河馬一張口就可以把小船咬穿，更可怕的是連船上的人也會被河馬咬到。這些年來，馬努有好幾個朋友直接或間接死於河馬之口，因為這種動物能夠潛伏在水面下長達數分鐘之久，然後才突然彷彿是惡意地從船底一躍而起。等到人落水之後揮舞著手腳掙扎，河馬就可以隨心所欲，想幹嘛就幹嘛了。其實河馬是吃草的素食動物，對人並沒有什麼特別強烈的食欲，但牠們就是會到處搞破壞，彷彿傷害人能帶給牠們某種快感。

即便在旱地上，河馬也很能給人添麻煩，馬努心想。夜裡頭，牠們會從水裡跑出來吃宵夜，而且你不要看牠們一個個都是短腿，河馬一跑起來的氣勢可是會讓人感覺天崩地裂，誰擋在牠前面都免不了會被咬上一嘴。農夫尤其討厭河馬，因為他們偶爾會發現自己的田地被這群餓壞了的龐然大物給肆虐殆盡。每隔一段時間，埃及人會組織河馬的捕獵來剷除為禍最烈的那些頑皮鬼，但這很顯然是玩命的工作。阿蒙霍特普身為法老，自然是百姓心目中的王牌獵人。有一說是他會偶爾下水並用魚叉制伏河馬，而且從未失手。馬努不太確定自己相信法老能強大到這種程度。阿蒙霍特普真可能什麼運動都擅長，如何涉險都毫髮無傷嗎？總之，為了這些個頭大、脾氣壞，耳朵還會抽動的大鼻孔動物而派一個人把風，絕對是人要下水之際的基本功。

說完了河馬的斑斑劣跡，鱷魚的害人不淺當然也不能不提。鱷魚嘴上沾了不少人類的鮮血，但牠們本來就是致命、嗜肉、而且有機會絕不放過的高階掠食者。任何活物只要與牠們「萍水相逢」，都可能成為牠們的盤中飧，而牠們菜單上的常客有魚、鳥，還有任何一個明明該好好待在陸上卻失神掉進水裡，或者是不小心距離岸邊太近的生靈。鱷魚有能力悶不吭聲地摸到獵物的身邊，由此牠們據說曾一口咬走在河邊玩的幼童。牠們會用強壯的上下顎把獵物咬在嘴裡，然後潛入水中直至獵物溺斃。馬努希望把風的胡伊除了注意河馬，也可以仔細看水面有沒有靜靜地如潛望鏡在逡巡的眼睛，朝自己的方向游過來。有趣的是，河馬與鱷魚時不時也會打起來。各自在嘴裡配有強力上下顎跟各種致命武器的牠們，個體的速度、體型與狠勁會決定最後的勝負。

古埃及有個記載在莎草紙文件上而倖存至今的老故事是這麼說的：有個祭司懷疑自己不忠的妻子與一名青年有染，於是他用蠟創造了一隻有著神奇力量的鱷魚。鱷魚活了過來，抓住了那個青年，並將他拖進了水裡，一待就是七天。最後青年被帶回水上，而他也坦承了與祭司之妻有染。結局是祭司的妻子與小男友都被處死，而完成使命的鱷魚則失去了魔力，變回了蠟的本體。

不過河岸邊也不全然是那麼恐怖的地方。五花八門的鳥兒以河岸與沼澤為家，而這些鳥兒要麼可以烹煮下肚，要麼看起來賞心悅目。獵鳥是上流社會裡一項很熱門的休閒活動，人們會乘著拉風的木製小艇，站在船上，扔出手中的棍子或矛，看能不能砸昏幾隻倒楣的小鳥。這是種適合在風平浪靜時從事的消遣。天氣好的時候，這些有錢人會撐著船篙讓豪華的小艇穿梭於蘆葦與燈芯草的縫隙，然後僕役或親戚會以坐姿抓住獵鳥人的腿，讓他可以無後顧之憂地投出棍子或矛，而不至於一個不小心翻到船頭外，畢竟性命安全可不能鬧著玩。

河馬已經絕跡於現代埃及，至於鱷魚也只剩下在遙遠南方，亞斯文大壩建造時留下的湖泊中可以看到。即便如此，牠們依舊沒有喪失令人聞風喪膽的能力，要知道直到今日，河馬都還是每年在非洲殺死最多人的動物至尊，而鱷魚也可以貢獻個每年數百條冤魂。

經過一段時間，馬努已經在岸上囤了數十趟來回所累積出的莎草莖。有了原料之後，第一步是先做出繩子。這兩名漁夫取數根修長的草莖，將之攤開，然後用鎚子把莎草莖敲平，平常兩人也會用這支鎚子把在船上活蹦亂跳的漁獲敲暈。伊普奇是製作草繩的個中好手，累積了多年的經驗讓他做出的繩束極其強韌。胡伊負責把被敲平的莎草纖維遞給父親，由父親用嫻熟的雙掌對這些纖維進行揉捻的工序。其實在埃及想要做草繩，並不是非莎草不行，但莎草莖的特性最適合製作小艇。莎草繩做起來容易，而且因為莎草本來就長在水裡，所以最能在水中久泡不爛也非常說得過去。

等一圈圈的繩束累積夠多了，造船的工作就可以進入正題，但要造出一艘船，時間起碼得花上剩下的整個上午才行。首先，兩大束莎草莖會被攤開，然後兩束莎草莖的尾端會慢慢被收縮成一個點。用剛做好的新繩把這兩束草莖分別纏緊，然後打上結加以固定，再來就是將兩束草莖壓縮為一個具有天然浮力且堅固程度也夠的平台，上頭會有空間足以乘載兩名漁夫跟他們的工具，外加可以用來存放漁獲的籃子。最後一步是把船的兩端拉高到定位，然後用連在甲板上的線頭來加以固定。翹高的船首與船尾會讓小艇不論是撐篙或是划槳，都可以在水中來去自如。

漁夫用莎草莖桿製作小艇。

一九六九年，挪威考古學者兼探險家索爾．黑爾達（Thor Heyerdahl）用莎草束造了一艘首尾都往上翹的大船。靠著船上七名分屬不同國籍的組員，這艘復刻的草船被放進了大西洋裡，目的是要測試這種古人愛用的蘆葦船究竟有何種程度的適航性。這艘被命名為「拉神號」（Ra）的草船在大西洋的洋流中航行了數月，最後才在美洲外海解體而功虧一簣，至於罪魁禍首則是設計上的缺陷。隔年，一艘重新設計過的拉神二號（Ra II）為拉神號雪恥成功。後來一次規模更大的實驗用上了一艘更大的草船，而這艘船也不負眾望地維持了五個月未沉，藉此證明了這種船隻確實有在數千年前為民族接觸與貿易提供有利條件的可能性。

馬努時不時會看見大型的草船，且幾乎全數都是作為漁業用。此外尼羅河也熙熙攘攘的會有大大小小的木船行經，其中流量最大的莫過於底比斯港。貨物的種類之多元令人咋舌，整船的貨物有些產自埃及本地，有些是進口自異地，還有巨大的石塊從遙遠的地點採集而來。這些木船揚起高聳的船帆，靠著北風的吹拂逆流而上，但這有時候還得加上幾十個人划槳幫忙。相對於此，那些順流而下的北上船隻就會輕鬆一些。有趣的是這些木船常有著跟莎草船一樣上翹的船首與船尾，就像是在緬懷遙遠的過往，至少這是馬努心中的猜想。

在造船的過程中，三人注意到好幾艘壯觀的大船在喧鬧與呼喊聲中，煞是風光地駛抵了尼羅河東岸。這三艘是軍方的船隻，作用應該是為某種向南進發的任務提供後勤支援，而且多半是劍指努比亞。然後是你會偶爾看到法老的船隻駛過。皇家的船隻除了船體本身十分華麗以外，船首還會有隼鷹頭部的造型外加桅杆上飄揚著繽紛的五彩旌旗。被命名為**阿克黑波汝為上下埃及創建者號**的這艘王船，活像是一座水面上的行宮，其甲板上有極為講究的小木屋，還有你能想像得到的各種奢侈配備。划槳動作的整齊劃一，是上下埃及之主才配得上的威儀，那種視覺上的精采，讓夾岸的埃及庶民看得目瞪口呆。

再過幾小時，馬努的小船就能又堅固、又實用地造出來了，最後的收尾工作，是要再用莎草做出兩個救生圈。攤開細瘦的一束莎草莖桿，將之綁緊，然後兩端綁在一起，最後形成一個橢圓。萬一意外落水，這玩意兒就可以讓人套在手臂與肩膀上。放在甲板上的這種救生圈，這些年來拯救了不少條寶貴的性命。幾個月前，伊普奇就曾經體驗過什麼叫做生死一線間。當時他正專心在嘗試綁一些繩結，沒注意到旁邊有隻河馬突然抬頭，結果浪頭一打來就把船給掀翻，他也隨之落水。小胡伊沒忘記伸手去抓救生圈，但可能是太緊張了，他沒有把救生圈扔給父親，反而將之當成攻擊河馬的武器。所幸伊普奇很快就掙扎著爬回了船上，而從鬼門關回來後，他交代兒子的第一句話是：**這事不要告訴你媽！**

小艇完成後，並不表示就可以放鬆，因為要做的事情還非常多——做船是為了抓魚，而他們簍子裡連一條魚也沒有。當然抓魚也有懶人版，你可以人在岸上，把帶有銅鉤的釣魚線扔出去，也就是所謂的岸釣，但無疑地乘船出去絕對可以比較豐收，而且效率比較好，主要是你在船上可以一次放好多個魚鉤，然後用船篙在水裡稍微攪動一下，這種打草驚蛇往往都會有不錯的效果。魚是一種存量豐沛，而且銷路很廣的商品。抓了魚，你可以拿去跟人交換其他日常所需。上了岸，魚可以直接火烤，也可以剖開放在架上曬成魚乾。不同於牛肉，便宜的魚肉可以說是老少咸宜。

馬努的習慣是會帶支矛在身上當魚叉，因為你不曉得什麼時候，就會有大魚在淺灘可以供你當成目標。抓到大魚之後，他可以將之拖在小艇後頭，然後希望在上岸之前不會有鱷魚跑來咬一口。不過比起岸釣跟船釣，真正漁獲量最大的還是漁網的應用。善於撒網的漁家可以在一放一收之間滿載而歸。不過以馬努而言，他捕魚經歷中最豐碩的成果，都是經由與伊普奇的合作。因為雙方乘駕的是一模一樣的小艇，所以他們會合作把一張大網架在船中間，任何東西只要經過這裡，都不會有漏網之魚——事實上經過的東西也大部分都是魚。而正因為漁網這麼好用，所以經常檢查網子有無損壞並加以修補，是一件必要且值得的工作，畢竟帶著一籃籃的漁獲上岸是一件很開心的事情。馬

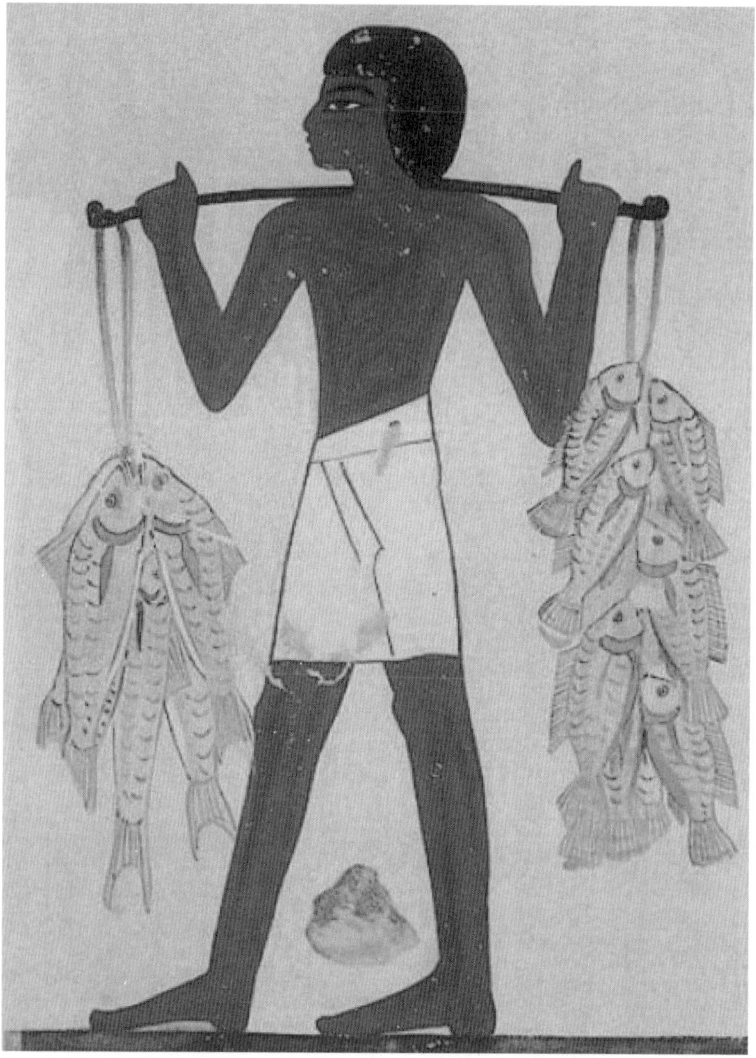

產自尼羅河的鮮美漁獲。

努與伊普奇會從魚兒中篩選出好貨來跟家人一同享受，然後把剩下的拿去跟人交換糧食與雜貨。

「準備好把網子拿出來了嗎？」馬努跟好友開起了玩笑——這艘船要成為一隻蛟龍在河中悠游，還得好一些時候。

(09:00-10:00)

第10章 日間的第四個小時

伊圖突然從白日夢中驚醒，原來是有厚厚一塊泥巴從旋轉著的輪子上噴了出來，賞了他一巴掌。

陶工形塑著黏土

陶工只要活著一天，身上就蓋滿了塵土。他為了燒製陶器，在地上打滾的時間更甚於豬。他的衣服因為沾了泥巴而變得硬梆梆，他的頭巾是以破布為本體，他呼吸的都是源自熾烈窯爐的灼熱氣體。

——《各行各業的諷刺詩》

伊圖與妻子納妮住在一個兩房的破泥磚屋裡，被懸起當作前門的其實是張亞麻布。因為膝下無子，所以夫婦倆便相依為命地，以彼此作為生活的重心，至於工作嘛，兩人就沒特別用心。事實上，他們都憎恨自己的職業，但這就是人生。伊圖白天在陶器工坊裡被濺得一身泥巴，還得呼吸被火焰烤過的熱辣空氣，至於納妮則靠製作亞麻兜襠布來貼補家用。夫妻倆每隔一段時間，就會爭辯一下誰更慘些。很悲傷的是對伊圖來講，陶工的社會地位極低，基本上跟製磚工人是難兄難弟。嚴格講陶工也許好一點點，但也好不到哪裡去。至於外界會看不起這份職業，泥巴跟髒汙是主要的原因。「但我可是靠替人做內褲過活。」納妮會不服氣地說。「每天都得操勞一整天。」不過夫妻倆倒是在一件事上有志一同，那就是他們的薪資都低得太不合理，畢竟他們每天工作都那麼努力，而他們產出的成品又對埃及有著極高的重要性。

伊圖的父親也是陶工，他們家有史以來的所有男性成員也都是陶工，可說是個陶工世家。一座規模如底比斯大小的城市裡有大量的工人、廟宇與陵墓，而這些居民與設施都需要各式各樣的陶器來滿足數十種不同的需求。埃及庶民會需要陶器來儲存食物與用水，需要陶杯來飲用液體、需要陶盤來盛裝菜餚；菁英階層會需要葡萄酒甕，神廟需要諸多容器與法器。就連死者，也需要陶瓷器作為他們在陵墓中度過來生的用品，否則陪葬的祭品也需要放在某種容器裡。另外就是經常用來當成薪資發放的啤酒需要酒甕來盛裝。不過最重要的一點，仍在於陶瓷器的品質不論多精良，都不能改變它們是易碎品的事實，由此陶器工坊在這一帶可以說俯拾皆是。

製陶的第一步，首先是從河岸取回黏土來加以處理。小石頭或瓦礫等無用的雜質必須加以剔除，但河砂與麥糠等物質則可以稍微添加來調和黏土，令其更適於塑形。塑形的工序，通常會在手動的轉輪上進行，而轉動的目的就在於讓陶器形狀能保持穩定，以免作品是圓是方得碰運氣。塑形完畢但還帶有水氣的新品會被放置晾乾，而在趁其表面還具有可塑性的空檔，師傅可以將其磨亮抛光，或是把額外的功能或裝飾添加上去，包括不同的用色或主題。

完整的陶器與陶器碎片是重要的考古學資料來源。就像造車與時尚會有不同的潮流，陶器的風格也會隨著時間轉換，由此陶瓷專家可以依風格推測出不同的器皿製造於哪個時期，而且時常相當準確。陶器碎片往往可以熬過時間的長河而保存下來，主要是陶器無所不在，而且易碎又常換新。陶器的研究，在沒有銘文可供人為挖掘現場定年的地方，是很有用的學問。以對古埃及的考古而言，陶片就可幫人判定居家遺址的年代，或是陽春的埋骨之所距今多久。埃及的陶器若現蹤於其他地區，就代表古埃及與當地有可能存在貿易或其他互動關係，反之亦然。確實，考古學者有時會在埃及發現進口自外地的陶器，而其功能也是要盛裝價值不菲的舶來品。

等徹底乾燥後，就是該把陶器給燒硬的時候了。在伊圖受雇的工坊裡有一個磚造的大窯可以一次燒製數十個容器。要燒製的陶器會一個個被搬入窯裡，或放或疊地置於一個專門用來乘載陶器的平台上。一切就緒之後，磚窯下方的隔間會以稻草、乾燥的動物糞便或其他可燃物質為燃料，就此生起火來。

陶器工坊與磚窯會建在離村子有段距離的地方，有其不得不如此的原因。窯在燒的時候會產生令人厭惡的煙霧，臭味也令人退避三舍。在窯邊幹了一輩子活，伊圖已經如入鮑魚之肆，久而不聞其臭。但即便如此，在超高溫的火邊待著總是件危險的事情，說不準什麼時候就會烈焰焚身。不過話說回來，伊圖本身鮮少會需要負責跟點火或燃料有關的工作。他從少年入行時，就是從收集黏土與用腳踩揉在缸中加水的黏土做起，所以現在他也通常會負責用手轉輪為黏土塑形的任務，畢竟他在這方面的專業就算不是大師，也起碼是堪用的水準。只可惜不論他技術如何，薪水都跟其他陶工一樣少得可憐。有錢人是工坊的老闆，而他只會偶爾一身光鮮亮麗，遠遠地露個臉。

此刻在白天的第四個小時裡，伊圖已經上工了兩個小時，淺碟也已經做出了幾十個。一如往常，監官一跑來就要求伊圖要做出數百個大型的儲甕，而這可得花上伊圖與同事整整好幾天來完工。不同於普通的碟子、杯子或其他可以幾分鐘做出一個的小形容器，大型的缸甕不論是從無到有還是進一步的塑形，都會多耗不少工夫。

有些古代的水甕，會故意用孔洞做得有些通透。外部的水汽蒸發會讓甕內的水溫保持清涼。這種通常稱為「齊爾」（zir）的容器，至今仍在中東使用。

經過多年的重複，製作陶器於伊圖而言已經是反射動作了，所以他往往做著做著，就會陷入白日夢中，一會兒回過神來，滿手泥巴裡已經多出了一個陶器的半成品。他做的白日夢主題，經常都是同一樣東西：他轉行成功了。就連捕魚感覺都比較有趣，畢竟每天下水還是有些不確定性。不過偶爾他也會思索起自己的整個人生，然後在開始一個新作品的同時，想起他妻子悲慘的命運。

納妮曾經幸福過一段日子，那時她還住在家裡，身邊有寵愛她的雙親。惟在她與伊圖陷入愛河之後，這樣的幸福也就戛然而止了。她的雙親很震撼於她的選擇，並在她搬去與伊圖同居而成家之後，實質上斷絕了與她的親子關係。伊圖的父母親倒是對這段婚姻樂觀其成，因為在他們的眼裡，自己的兒子是高攀了女方，所以等於占了點便宜。他們以為兒子的社會地位會因此而稍微好轉，但結果並非如此。

要比工作的內容千篇一律，納妮一點也不會輸給製陶的夫婿。縫製兜襠布也幾乎都是日復一日毫無變化的過程。一瞬間，伊圖意會到了她每天只是剪裁不同品質的亞麻布成為三角形，然後以針線把邊緣縫起來。亞麻布的三個角連起來之後，成品就是簡單到不能再簡單的衣服，不少工人都將此當成他們生活中的主要行頭。

他知道納妮也常用羨慕的眼光看著其他人工作，即便在她任職的工坊裡也不例外。負責織機的工人在她眼裡就算沒有比較開心，也起碼對工作感覺比較投入。她說織機讓她想起母親，因為母親

忙碌中的陶工。

以前在家裡也有一台小型的機器。不同於工坊裡那種大型的垂直織機，埃及家用的織機是水平設計，並且安裝在地板上。她曾分享過母親是如何將亞麻纖維紡成絲線，然後再將亞麻線置入織機裡，一上一下地交錯出大小適中的麻布。她的父親身為陵墓建築的監官，通常天天穿的衣服是短裙，但說是短裙，那其實不過就是拿一段居家做出的布料在腰際圍個幾圈，然後將尾端塞緊或綁住，至於裙子底下有沒有兜襠布，就很難說了。有時候他會穿長袍，也就是一件有兩隻袖子跟一個滾邊的空洞來讓頭頸穿過，長度則可來到膝下的寬鬆連身衣服。埃及的長袍談不上複雜，但總是比任何工人會穿的衣服都講究得多——至少伊圖家裡一件像這樣的衣服都沒有。

沒錯，伊圖知道在某些方面，納妮的人生在愛上自己之前要幸福得多。曾經她在娘家穿過的那些可愛衣服，現在都已經消失無蹤。不過話說回來，她的工作還是偶爾會有一些好康。雖說剪裁與縫製內褲的報酬，不過就是幾甕啤酒跟一些麵包，但她時不時會獲准帶些粗糙而且破洞的碎布回家，而這也代表她有材料可以在家做點女工，或是可以有布能掛起來當門簾。

亞麻布顧名思義，是以來自於亞麻的纖維當作原料，而亞麻作為一種植物，在埃及各地的廣大田野上都有種植。亞麻布根據原料亞麻的產地不同，品質也有所差異。綠色的亞麻植株能產出較細緻柔軟的纖維，而偏黃色且莖部較成熟的亞麻則會對應較堅韌且粗厚的纖維。亞麻莖在採收完之後，還得經過繁複的梳整、浸泡，才能讓纖維獲得釋放與軟化。纖維經過紡紗的程序會變成線頭，而線頭便能用來織造不同等級的亞麻布。最上等而昂貴的的柔軟亞麻布，質感就跟現代的紗布差不多，適於菁英階層使用，而其他種類的亞麻布則軟硬粗細不一，其中愈硬愈粗的自然愈便宜。

此時伊圖突然從白日夢中驚醒，原來是有厚厚一塊泥巴從旋轉著的輪子上噴了出來，賞了他一巴掌。濕潤的兩手加上轉動的黏土，這項工作原本就很容易弄得人全身一塌糊塗。伊圖一天工作下來的基本款，就是人的正面從頭到腳都裹上一層泥，而這些泥巴會因為埃及的豔陽而在人的皮膚與衣服上快速乾涸，到時候要刷洗掉就不是那麼簡單。有些日子裡剛回到家中的伊圖，看起來就像個一絲不掛，棕色的陶偶，但他實在疲憊到沒有力氣去河中洗滌。今天昏昏欲睡得這麼早，看來今晚要以陶偶造型回家的機會是愈來愈高。而跟平常一樣，他應該又會發誓隔天一早把自己弄乾淨。希望納妮會先準備好晚飯在等他，好讓他能趕緊扒兩口，然後帶著疲累身體沉沉睡去。無疑他會在夢鄉裡幻想自己不用再當陶工——就算做兜襠布，日子都可能不會這麼難過。

(10:00-11:00)

第11章　日間的第五個小時

書記學生等著被打

我會讓你愛書甚於愛自己的母親……書記這一行，比什麼都強。地球上只有書記這工作是這個模樣。

——《各行各業的諷刺詩》

納克特瑟縮了一下。有個字他想不起來其中的一部分符號是怎麼寫的。他得從三種可能中選出一種：三種都是鳥，每種鳥各自代表一種在埃及語言裡天差地遠的發音。犯下的錯誤被抓包，讓他因為響亮的一鞭打在背上而痛徹心扉，只是遲早的事情。席地坐在名為「教導房」的露天圍牆內，他絞盡腦汁地希望想起自己不該忘掉的東西。書記學校確實並不好念，畢竟他們得在此把數百種文字符號的正確寫法強記在腦子裡。唯一可以接受的犯錯率，是零。身為一名書記，責任不可謂不輕。但在古埃及這樣一個少有人識字遑論寫字的國度，這份職業也對應著極大的託付與權力；那些目不識丁的平民百姓，只能完全依賴書記來為他們撰寫或讀取各種文件的正確內容。

想評估古埃及的識字率不是件容易的事。有些人認為只有不到百分之三的古埃及人識字。雖說一般埃及人不識字，也對日常生活毫無影響，但如果你想在新王國時期加入官僚體系或祭司的行列來履行各種繁複的民政與宗教勤務，識字能力就是基本的門檻。書記學校裡清一色都是男性，但有證據顯示若干家世顯赫的女性也能讀寫。

納克特環顧四下的同學，全都是男生的他們大多出身社會上有頭有臉的人家，其中不少人的父親都是等著兒子繼承衣缽的現役書記或監官。納克特的父親是聲譽卓著的醫師，而想當醫師就得起碼看懂各種需要查詢的醫療典籍。他的同學有人預計會成為陵墓的繪師，也有人打算當名監官，負責看著雕刻師傅把粗體的象形文字刻在巨型石碑上，令其萬古流芳。

埃及大量的象形文字，看了不免讓人腳軟。學校傳授的文字可以從左寫到右，也可以從右寫到左，甚至還可以由上寫到下，而不同於銘刻在皇家或宗教碑塔或物體上的「繁體字」，這是一種相對沒那麼正式，有點簡略的書寫。

「為什麼要有這麼多不同的符號呢？」納克特問了老師內巴蒙一個蠢問題。「因為有用啊，不

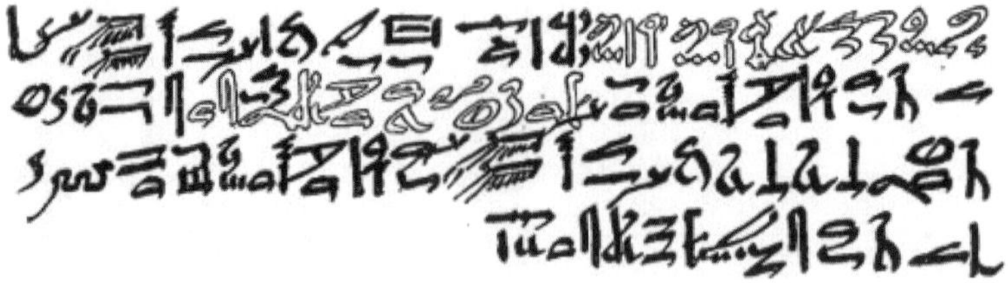

埃及的草書。

是嗎？」老師狠狠地嗆了他一句。「有這麼多字可以讀，可以學，你不開心嗎？還是你想去抓魚或製作磚頭！」納克特當下就感受到了老師一鞭下來的痛，也馬上在腦中告訴自己不要再出於好奇心而問這種跟課業無關的問題。但為時已晚，因為他此舉已讓內巴蒙老師心生不滿。內巴蒙老師對所有人宣布說班上好像有人不了解自己能來接受書記教育是一件多麼難得的事情，所以為了讓大家別忘記自己有多幸運，全班現在都得以身為書記的美德為題來進行聽寫練習。內巴蒙會念一段文章，而學生則要一字不差地把聽到的內容謄寫下來，最後再眾口一聲地以如歌的節奏將之朗誦出來。

「把我接下來念的東西寫下來。」內巴蒙命令所有人。「**我看過銅匠在熔爐的邊上工作。他的手指就像鱷魚的爪子，而他身上的臭氣更甚魚卵。**寫下來然後複述一遍！」

納克特拾起了一大塊陶器的碎片，在一小盅水裡沾濕了筆尖，然後抹了抹調色盤上的墨水。這裡說的調色盤，是表面上有兩處凹槽的細瘦木片。納克特的調色盤是父親送給他的禮物，而有了這寶貝，他便能從紅黑兩色中選擇其一書寫。內巴蒙老師鮮少讓新進的學生用紙。因為比起破碎的陶片，紙實在是相當奢侈，而便宜的替代品則俯拾皆是，除了每個村子裡都囤了一大票的破瓦罐以外，隨便一塊石灰石片也提供了可以書寫的白色表面。總之不論是碎陶片還是石灰岩，都會在校園一隅疊成一堆。偶爾學生會獲准使用木製的書寫板，而這也是他們將來就業後的工作利器。這些木板表面塗覆了一層石膏，由此書記可以用水把寫過的字洗掉，而石膏也可以重塗來避免其不斷變薄。

古埃及的書寫、智慧與知識之神，是托特（Thoth）。托特有時會被描繪成一隻狒狒，但其更常見的模樣是個頭部是朱鷺的人形。他在《死者之書》裡出場時會手拿書記的調色盤與墨水筆，在死者受審時記錄下各種判決結果。女神賽莎特（Seshat）除了代表簿記與數學以外，也跟書寫有關。

鈍掉了的筆尖在陶瓷表面留下了醜陋而礙眼的汙點，而納克特馬上就拿起了卡在耳朵上那支沒有那麼鈍的筆。這裡說的筆，基本上就是用細蘆葦片做成的桿子。這種蘆葦筆看似貌不驚人，用起來卻得掌握某種訣竅。他低下頭專注起精神，開始寫起了像在流動的草書。老師念出來的東西感覺似曾相識，原來這種長篇大論的自以為是，他從老師口中聽到已經不止一次。但這也算是好事，因為裡頭肯定會出現很多納克特已然熟悉的單字。

「木匠比多數人都工作得更累。理髮師替人刮鬍子到天快要黑，他會一條街走過一條街，希望能有更多的客人可接。他得磨破了手臂，才不會餓到無法入睡。」

學生們盡可能把字寫得又快又美，也努力地在全班朗讀時保持整齊一致，不要有人脫拍或還在抄同學的——至少不要抄得太明顯。他知道接下來該期待的是什麼：對箭匠、陶器與磚塊工人刺耳又臭屁的批判。

「箭匠得北往到德爾達操勞。當蚊蚋叮上來，沙蚤咬上來的時候，他們會感覺生不如死。陶工渾身都是泥土，看起來就像個活死人。他在土裡打滾的時候比豬仔還多。他的衣服被乾掉的泥巴弄得乾硬，他的鼻子被火窯的高溫烤得緋紅。磚塊工人……他們都有腎臟不好的問題。即便遇到天冷與風大，他們還是得幾乎衣不蔽體地在戶外工作。疲倦與僵硬讓他的身體早就沒了力氣。他用手指握著麵包吃，即便他一天只洗手一次。」

被他點名的行業落落長，當中不乏在埃及不可或缺的織工、農夫與漁夫，這些人按照內巴蒙所想，都過著非人的生活。「現在跟著我念，然後把內容寫下來：**如果你懂得書寫，那麼你的前途就**

會贏過所有其他的行業。在書記學校裡待上一天，你將來的好日子就多上一天。」

納克特把陶片翻過來，在背面繼續謄寫，而內巴蒙老師則遊走在四壁的範圍內，看著他緊張但認真的學生們低頭聳肩。偶爾的一聲教鞭揮，代表的是有錯誤映入他的眼簾。納克特平均一週會挨上三鞭。被打確實痛徹心扉，所以也是他能夠專心認真學習的一大動機來源。學生常常會互相討論哪一種教鞭比較恐怖：是椰棗樹枝做成的纖細教鞭，還是內巴蒙老師愛用的木質棍杖。要是因為痛而掉眼淚，只會被再追加幾鞭，而相對於母親會因為孩子被打而心疼，大部分父親都會覺得老師打得好，正所謂嚴師出高徒：畢竟他們都是打罵教育的過來人。納克特的父親納弗霍特普也是兒子的學長，三十年前他也被內巴蒙老師教過。

身為嚴師的內巴蒙在底比斯德高望重。不教書的時候，他常在陰涼處坐著，忙著某樣工作。他盤腿的坐姿繃緊了亞麻短裙，而這也讓他面前有了一處適合書寫的堅實平面。多年來他擔任過各種深獲信賴的職位，甚至他還教導過年輕時的阿蒙涅莫佩特寫字，而此人現時已貴為法老如左右手般倚重的宰相。他的專業非常受到追捧，由此除了教導人寫字以外，他還常被指派去謄抄《死者之書》——這份莎草紙卷的內容是供死者參考的各種指示，裡頭詳述了各種他們該如何忍耐前往陰間之旅的旅途，又該如何成功通過諸神的審判。這樣的書卷所費不貲，卻在寧可信其有而錢不是問題的菁英階級中非常暢銷。內巴蒙被認為是個品格端正的人。相對於有的書記會在祭文的撰寫上敷衍了事，畢竟他們的作品會被捲起來後放進甕中，然後封死在陵墓裡，從此不見天日，但內巴蒙總是會童叟無欺地在不該馬虎的地方好好用心。

內巴蒙堅持在這份工作上使用最好的材料，包括最高品質的莎草紙。負責採集莎草的人會先從接近底部的地方割下去，然後才去除頂端的部分，最後把莎草綁在一起，一綑綑地背在身上搬運。莎草運抵工坊後，莎草會被移除其綠色的外皮，然後其纖維質的內芯會被切割成薄片。這些薄片會被鋪在平坦的表面上，邊緣相互重疊地排成相互平行的一排又一排。排好之後的莎草紙片會被夾在板子之間，然後用石塊或磚頭重壓，由此蘊含在莎草中的天然黏著劑就會發揮作用，讓莎草纖維形成具有韌度的紙張。做好的莎草紙可以一張張黏起來，由此紙卷想要多長就可以多長。

古羅馬的博物學家老普林尼（西元二三到七九年）對古埃及寫下了這樣的評語：「我們不得不提一下莎草的本性，畢竟埃及是一個文明社會，而這個社會裡的各種功能在極高的程度上依賴著紙——包含當下的各種場合，以及對過往事件的記載。」（《博物誌》，卷三第二十一章）事實上在受制於希臘與羅馬帝國的期間，埃及成為了對古代文明世界輸出紙張的最大來源。千百年來的氣候變遷，讓莎草在埃及這個它的成名之地幾乎絕跡。現在我們能看到的莎草，來自附屬於觀光業的少數商業農場，其目的是為了讓遊客有能帶回家當紀念品的新鮮玩意。

納克特八歲開始上學，如今十歲的他覺得自己進步滿多。再過兩年，他就可以完成基本的學業。幾天之前，他學會了書寫不同類別的單字：地方、人名、植物等，這之後學生還學了一點算數。算數是他最不擅長的科目，但不少書記都得負責記錄下戰利品、神廟的資產、收到的捐贈、還有作物的產出，甚至於連搬運石塊與建造碑塔所需要的工程計算，外界都會對書記官有一定的期待。所以話說到底，數學是一種書記出社會後很難逃避，同時對帝國的維繫也非常實用的技藝。

依舊低著頭振筆疾書的納克特可以聽到老師在一整排少年的背後發出腳步聲。內巴蒙望過他們的肩頭，任何錯誤都不可能逃過他的眼眸。此時拖行的步伐突然停駐在他身邊。「不是這種鳥！」內巴蒙老師怒吼。納克特知道自己慘了。啪的一聲！這個字要搭配哪種鳥，他再也不會忘記。

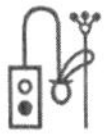

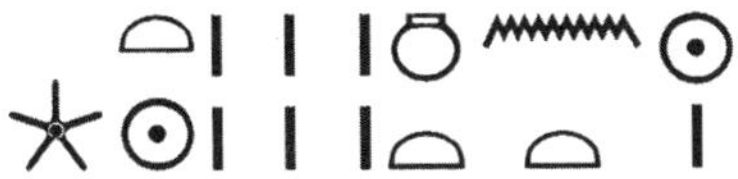

(11:00–12:00)

第12章 日間的第六個小時

哈索爾女神的女祭司醉了

（法老）前來跳舞，他前來歌唱……他的西斯特爾叉鈴是黃金，他的項鍊是孔雀石。他的腳是為了音樂之女神舞動。他的舞是為了她而跳，而她也對這舞樂此不疲！

——**〈哈索爾的讚美詩〉，登達拉（Denderah）神廟遺址**

眾人都知道哈索爾是個一言難盡的複雜女神，這不是祕密。她常見的形象是母牛，是頭上兩支角之間夾著太陽圓盤的女人，或是長著牛耳的女人。總之，她的形象多變，名號也不少。有的時候她是充滿愛心的哺育者，是對埃及統治者有如母親一般的角色，但這樣的她也有極為殘暴的一面。有時候哈索爾會被稱呼為「金色的那位」，或是她會被連結到生育，或樹林，或沼澤，或西奈半島的綠松石礦，或夕陽西下處的死亡之地。她在不同狀況下，會被說成是太陽神，也就是瑞神的妻子、母親或女兒，也跟眾多慶讚瑞神的活動有關。她是音樂女神，而且喜歡喝醉。沒錯，哈索爾女神的角色就是如此千變萬化，一切都看她人在什麼地方。

在這一天的第六個小時裡，泰已經醉在家裡了，讓老公很頭痛。「妳這是在做什麼？」她被問了這個她感覺被問過一百次的問題。

「我可是哈索爾女神的祭司耶，笨老公。這是我的職責。我是在練習自己的工作！」而這也是她唯一打算提出的理由。

確實，身為哈索爾的祭司，而哈索爾又以底比斯為根據地，泰有各種跟女神有關係，或者根本就是以女神為中心的慶典得參與。埃及每年都有眾多非常突破常軌，廣受期待的歡樂節慶。埃及大地上的每一間神廟都會舉辦自己的慶典來榮耀本地的神明，但底比斯作為主神阿蒙—瑞的所在地，相關的活動不但規模最大，過程也最為講究而華麗。以一年一度，無人不知無人不曉的歐佩特節（Opet），又稱「密室節」為例，阿蒙—瑞神會在此時離開卡奈克神廟深處的幽僻密室。祂的神像會被置於一艘模型船上的神龕中，由一群強壯的祭司用竿子撐住抬出。阿蒙—瑞神的神像會先在廟裡的四周繞一圈，然後來到陽光下，最後這艘「神聖的三桅帆船」會一路來到神廟外的街道，由想一睹神明手采的廣大群眾表現出熱烈的歡迎。一般埃及人想與神有所交流，這是他們最好的機會了，因為一年到頭大部分的時候，神像作為這神明靈體的「載具」，都會大門不出二門不邁地宅在神廟裡。

神船的前後都熱熱鬧鬧地有樂師與舞者簇擁，而他們全都是帶動氣氛的高手。鼓聲砰砰砰地傳自鈴鼓，笛子或是豎琴的樂音也可以在合奏聲中被辨識出來，雜耍的演員會在街上翻觔斗，十二名女祭司則會負責吟唱與拍掌。泰就是這群女祭司當中的一員，而她衷心熱愛這種遊行。手中搖著象徵哈索爾女神的西斯特爾叉鈴，她一瞬間成為了音樂與舞蹈女神的化身。

西斯特爾叉鈴是一種搖晃類的樂器，一般有著手把，外加一種有如里拉琴（lyre）的結構體，只不過不同於里拉琴裡裝著琴弦，西斯特爾叉鈴的裡頭裝著會相互鏗鏘碰撞的鐵製碟片。手把的部分作為裝飾，可以看到哈索爾女神的牛臉，這主要是為了凸顯女神與音樂的連結。想發出類似西斯特爾叉鈴的連續咯答聲，埃及人還會搖晃沼澤植物。另外象牙材質的響板經常做成手臂連著手的形狀，也相當受到歡迎，並且所有人一起拍起來的時候，聲勢相當驚人。

年復一年，歐佩特節的遊行行列都會在途中不時停下腳步，有時候是為了順道去其他神廟串個門子，有時候只是為了停而停。但無論如何只要隊伍一停，就是幫遊行的各種裝飾「補妝」或讓群眾更加瘋狂的良機，不然也起碼可以讓背負神龕與模型船的組員稍事休息。在這趟出巡的尾聲，阿蒙—瑞神會被放回廟中的神龕，然後由受命的祭司進行日常的照護，至於一般民眾就將帶著滿滿的美好回憶，開始重新期待起來年的節慶。

另外一座巨大的路克索神廟（Luxor Temple），後來會建在了同樣屬於底比斯範圍，距離卡奈克神廟僅僅數公里之遙的地方。路克索神廟的大部完成在法老阿蒙霍特普三世，也就是阿蒙霍特普二世之孫的手裡。在三世漫長的統治期間裡，埃及的財富會張揚地表現在國境內的各種傲人建築上。隨著新神廟的完工，一條點綴著獅身人面石像的路堤會將兩座大廟連起，而阿蒙—瑞神的神龕與三桅帆船，便自此會趁歐佩特節的期間在路堤上往返。

生活在底比斯的泰，有一名在宮裡服侍皇家成員的丈夫。他的影響力，是她被選為女祭司的部分原因。這是一份視需求才要出勤的職務，而她相當樂在其中，畢竟就跟她所服侍的女神一樣，泰也很愛喝酒，而且不醉不休。事實上在某些節慶中，喝到醉幾乎是一種起碼的要求，而泰不論對這些活動的規劃還是以女祭司的身分參與其中，內心都燃著熊熊熱火。而其中她最愛的兩種節慶活動，一個是山谷宴（Valley Feast），而另外一個則是酒醉節（Festival of Drunkenness）。

時值山谷宴，阿蒙—瑞的神像外加妻子穆特與兒子孔蘇的神像，會在卡奈克神廟中被置於三桅帆船上，然後祂們一家三口便會一起渡河去造訪尼羅河西岸眾多紀念性的神廟。這些神廟屬於現任法老阿蒙霍特普之前的統治者，包括有一座大廟紀念的是他的父親圖特摩斯三世。每座神廟都內建有專屬的祭司階層，而其職責就是彷彿主上還在世一樣去榮耀這些在死後成神的前法老。眾神廟中最美不勝收的一座擁抱著一處壯觀岩壁的底部，但尷尬的是它紀念著為阿蒙霍特普所忌諱的前女性統治者，哈特謝普蘇特。這座廟的牆上記載著她的豐功偉業，但她的名字卻遭到抹銷，肖像被毀棄，祭司階層則被勒令解散。但即便如此，這座神廟依舊值得一去，像泰就去過很多次。哈索爾的神壇被附帶建於這座廟旁，很顯然哈特謝普蘇特曾用哈索爾女神作為象徵，來提供她以一介女流統治埃及的正當性與合理性。

被扛在遊行隊伍中的神明有一個附帶的功能，那就是擔綱先知或預言者的角色。史料中的記載顯示當神龕裡的阿蒙—瑞神乘著三桅帆船遊行時，旁觀的群眾可以對這位大神問出各種是非題。如果帆船在挑夫的肩上稍微下沉前傾，那就代表阿蒙—瑞神的答案是肯定的，反之若船身在挑夫的肩上稍微後傾，那就代表答案是否定的。當然，總會有人鐵齒地覺得船身要前要後都是祭司在操控，不然就是挑夫在隨機調整重心，藉此讓肩膀休息而已，不是嗎？

泰跟她負責用西斯特爾叉鈴來發出響聲的女祭司同事，會一起在山谷宴的每一站提供歡樂的聲音與身影，由此阿蒙—瑞神一家三口與所有已逝法老的英靈都可以共享慶讚的歌聲，畢竟祂們同為神靈也會相互烘托。不論在哪一站，你都不用擔心沒有東西吃喝，但其中泰最喜歡的，還得算是由圖特摩斯一世之神廟所提供的葡萄美酒，每當來到這裡她總不會錯過。歌手與舞者會從頭表演到尾，但確實隨著遊行不斷進行下去，他們的歌聲會愈來愈像是在嘶吼而變得含糊不清，舞步則會愈來愈馬虎而隨便，畢竟會累是人之常情。山谷宴不光是祭司與其隨扈的事情，而是連埃及的平民百姓都會趁此機會去墳頭祭拜他們的親戚。

雖然新王國時期的許多統治者都建造了紀念用的神廟來慶讚自己的永生，但這些神廟能保留至今的少之又少。一部分的神廟大量使用泥磚，而泥磚只要不加維護就會隨時間毀壞。有些神廟用上了堅固的石塊，但這些石塊可能在往後的年月中被徵調到其他建設上去充當原料。新王國時代大名鼎鼎的圖特摩斯三世與阿蒙霍特普二世，其紀念神廟至今都已經幾乎是屍骨無存。阿蒙霍特普三世的宏偉神廟在毀於一場地震後，其石材便被轉移到其他地方使用，由此有段時間那兒幾乎只剩下兩尊坐姿的雕像，直到近期的幾次開挖，才讓我們對這座神廟增加了不少的了解。較晚期法老如十九王朝的塞提一世、拉美西斯二世與第二十王朝的拉美西斯三世，其廟宇都主要以石材建成，也因此較為良好地保存至今。新王國前期留存較完整的一座神廟，其祭祀對象很諷刺地是阿蒙霍特普欲將之從人類記憶中抹殺的哈特謝普蘇特。

那些挑著聖船在肩上的組員出於職責，必須保持純淨與清醒，由此他們固然可以對若干美食大快朵頤，但卻嚴禁醉到不省人事。三位一體的阿蒙—瑞神一家會需要穩定而安心地完成這趟旅程，可不能走到半途就摔在地上。在不少屆的山谷宴裡，泰的若干女祭司同事在半路就爛醉如泥只好中途退出，由此跟去程比起來，返途的陣仗通常會縮水不少。

最近一次的山谷宴絕對非常難忘，否則泰也不會對每個細節都記憶猶新。但即便如此，泰仍已經開始等不及酒醉節的來臨，而那也是她在早晨尾聲，昏昏沉沉地對丈夫不斷叨念的事情。做先生的臉色其實不太好看，但泰在社會上有一定的地位，而且今年三十來歲的她已經廣受好評地擔任這

哈索爾女神。

一角色有好幾個年頭。再者，每至酒醉節，埃及全境都會一醉方休來慶祝哈索爾對百姓的賜予與降福，包括她的丈夫，屆時少不了歌唱與舞蹈，而喝酒更是應該。泰的結論是酒醉節明顯優於山谷宴，理由是前者只需喝醉，而不用像後者那樣人人走到鐵腿。在底比斯，居民可以來到街上慶祝，而那也是多數人的做法，但如果有人想要真正體驗狂喜，走一趟女神穆特的神廟就變得非常必要。阿蒙—瑞神既然貴為王者般的諸神之首，那穆特做為阿蒙—瑞神之妻就只能是眾神裡的皇后。

哈索爾與穆特的關係，可以解釋她強烈的保護慾與母性，也可以說明她與瑞神在宗教上的聯繫。在古埃及的一則故事裡，曾講述到瑞神如何厭倦了人類而想要動手把人給毀滅。哈索爾身為瑞神的女兒也積極跑去湊了一咖，於是她先是在瑞神身上化身為一隻「復仇之眼」，然後又變成了常以殘暴母獅之形象示人的邪惡女神賽赫邁特。就這樣，哈索爾參與了父親對人類的屠戮，而她也十分享受過程中的血腥。但很快地，瑞就開始懊悔起自己的行為，而要讓殺戮畫下句點，他得控制住女兒哈索爾的行為。而瑞神為此想到的辦法，就是把大量的啤酒染紅，然後灑到大地之上。嗜血的哈索爾將紅色啤酒誤會為人血，不假思索地將之全部吸進了體內，然後就此昏醉。所以說人類能倖免於遭到徹底毀滅……要向啤酒說聲謝謝。酒醉節，就是在慶祝人類得以從殺紅眼的哈索爾手中全身而退。而雖說埃及平日的道德風俗是以清醒為美，但派對與特殊節慶不在此列。平常不好說，但酒醉節可以做的事情除了酒醉以外，還有光天化日下與親朋好友或陌生人的親密互動，而這在平時也並不符合埃及保守的民風。

在另外一個埃及故事裡，太陽神瑞陷入了抑鬱，為此大家都想方設法想讓他開心起來，只是都沒什麼效果。這個故事最後能有一個喜劇收場，是因為哈索爾將自己呈現在瑞神面前，並且就此寬衣解帶與瑞神裸裎相見。瑞神覺得此舉很有趣，因此笑到歇斯底里。這種行為到底好笑在哪裡，已然不可考，但對故事裡的瑞神確實展現了神效，祂因此脫離了憂鬱的困擾。

每一年，泰都會偕先生前往穆特的神廟，因為那兒會有能讓人喝個夠的酒等著。有多年累積而來的經驗當靠山，泰深諳配速的重要。由此她會拿捏著讓自己醉到十足過癮，一方面又不會自己醉到無法自理，畢竟很多其它的慶祝者都做了很不良的範例。她痛恨嘔吐，所以不希望把自己弄到那個地步，她的目標是讓自己能醉倒在神廟的範圍內，然後在那兒睡得舒舒服服。除了希望能醉得恰到好處，許多人還有一個目標是能與哈索爾女神本人發生神聖的邂逅——以一介凡人體驗令人不能

與哈索爾女神一起嗨過頭的下場。

自己的神交狂喜。泰絕口不提的祕密是她從未達到過靈魂出竅的人神交集，同時她也不能確定那些興高采烈跑來分享經驗的朋友是不是在胡謅。總之，每年這麼期待一下也不為過。

大家每年過節最痛苦的時候，就是醉暈在廟地的隔天早上聽到以鼓聲權充的鬧鐘敲得震耳欲聾。因為宿醉而頭痛的許多人都很希望自己能被放過，但事實是節慶已經告一段落，日子又得繼續往前走。泰會放眼四周找尋丈夫的蹤影，希望他不要人事不知地倒在某個女人的懷裡，即便在這樣的節慶裡那並不是禁忌。

在數千年的漫長歲月裡，埃及的登達拉神廟都被用作是一處神聖的空間，包括作為崇拜哈索爾的特殊場域。今天，登達拉神廟儼然是全球保存最完好的一處古文明廟宇，而其主神便是哈索爾。不過今天看到的登達拉神廟在很大程度上是希臘人與羅馬人重修的結果，主要是他們也將埃及神祇融入了自身的宗教信仰裡。

在屬於收穫祭的這一天裡，主要的飲酒歡慶已經進行完畢，但此外還有不少機會可以放縱自己。泰跟丈夫都是很常受邀的派對動物，而哈索爾出於天性，也會很安慰地看到自己的女祭司懂得尋開心。果不其然，有一場這樣的活動就落在今晚，地點在一名監官烏瑟黑特的家中。運氣不要太差的話，那兒的酒理應也不會太雷，屆時泰又可以以哈索爾之名好好自我鍛鍊。

(12:00-13:00)

第13章　日間的第七個小時

宰相聽取報告

關於宰相閣下在宰相院裡聽取報告的確切流程：他首先將在一張有靠背的座椅上就位，其他的配件還包括地面上的蘆葦踏墊、他身上的職務頸鍊、他背後的一張毛皮、腳踩的另外一張毛皮、身上一件毯狀的披風、唾手可得處的一支指揮棒、四十支皮桿陳列在他面前，上埃及的十夫長在他面前排成兩列，右手邊有他的總管，左手邊有門禁官，另外隨侍在側的還有不止一位書記官。

——**宰相萊克米爾的陵墓記載**

才在宮殿中辦公室裡忙碌了幾個小時，阿蒙涅莫佩特就已經被日常的細節與決策給折磨到心神渙散。身為阿蒙霍特普的宰相，他堪稱現任法老的左右手，而他的職責既艱且鉅。一人之下萬人之上的他位高權重，因此待遇、福利、特權都相當優渥，但那也要他有命去享受。雖然沒什麼資格抱怨太多，但他一直以來都覺得自己真的是比法老本人更加勞碌命。不過當然下最後決定的還是阿蒙霍特普，畢竟他才是人形的神明，才在身上背負著維繫宇宙神聖秩序的天命，而阿蒙涅莫佩特則至少會照顧好日常的埃及。

身為法老的麻吉絕對是有好沒壞，而這對君臣也貨真價實的是一對兒時玩伴。事實上，阿蒙涅莫佩特與法老之間的關係還真就是他獲得任命的根基。先王的宰相萊克米爾是治國的好幫手，所以阿蒙霍特普剛即位時也讓他留任了好一陣子。但歲月催人老，而且讓身為宰相世家的一分子萊克米爾繼續在位子上待著，阿蒙霍特普也擔心這一家子會透過世襲而繼續坐大。為了不讓這種事情發生，阿蒙霍特普撤換了萊克米爾，而阿蒙涅莫佩特就是他的新選擇。國王的另外一位密友賽納佛跟阿蒙涅莫佩特是兄弟，所以也得以高官厚祿，當上了埃及命脈底比斯的首長。所以這麼看起來，法老心中在挑選作為中流砥柱的行政官員時是友誼與忠誠第一，世襲的傳統次之。

埃及行政體系的常態是一個法老底下同時有兩名宰相：其中一人的轄區會是北部的上埃及（下游的尼羅河的三角洲地區），而第二人的轄區則會是南部的下埃及（上游的尼羅河谷）。但在阿蒙霍特普二世的例子裡，埃及學者找到的證據顯示他手下只有一名宰相，所以有可能上下埃及都歸同一人統理。

執筆進行記錄中的書記。

阿蒙涅莫佩特的工作一言難盡。他會從數十名監官處收受林林總總的回報，然後他自身會定期向法老彙報施政情形。雖說他可以自由地決行不少政務，但若是牽連到法老個人利益或與埃及國家大計有關係的事情，還是得回歸法老的心意。宰相的另外一項職責，是針對重大的司法案件聆聽案情並做出判定，而所謂重大案件，主要指的是由下級行政官員裁定的結果遭到質疑，並且經人提出了上訴的案例。再來，宰相得負責管理皇家的財產，包含確保皇宮的安全，監理其財政平衡。好消息是宰相有廣大而世襲的官僚體系在底下為其分憂解勞。

早上很忙很正常，而且再來只會愈來愈忙。阿蒙涅莫佩特已然聽取了來自財政大臣、穀倉監督官與田地監督官的彙報，其中財政首長迪杰胡提奈佛一邊呈報他進行監督的各種發現，阿蒙涅莫佩特的書記們一邊席地而坐猛抄筆記。迪杰胡提奈佛帶來的隨扈裡也有他專屬的書記，其中一部分人抱著一卷卷的統計數據，一部分也兀自記錄著報告的過程。首長通常都是來報喜的，這天也不例外，畢竟國庫裡都塞爆了帝國收穫的豐碩果實。憑藉阿蒙霍特普與圖特摩斯這兩代法老努力出的霸業，諸多異地的朝貢穩定地流入埃及。為了讓埃及能繼續大興土木，也為了能確保法老的榮華富貴，這些朝貢絕對不能斷炊。

穀倉監官也帶來了不遑多讓的捷報。國有的倉廩充足到可以養活其雇員到隔年收穫，而且還有剩餘。麵包與啤酒也供應無虞。稍微需要擔心的是底比斯外圍若干巨型儲存糧倉的硬體維護，主要是其中幾座的圓拱屋頂看起來搖搖欲墜，而屋頂一旦坍掉，穀物就會面臨日曬雨淋與鳥獸啄食的威脅。「我授權你即刻進行修復或更新。」阿蒙涅莫佩特下了這樣的指示。

屬於菁英階層的高官有著眾多頭銜，是很正常的事情，而這些頭銜都會隨著他們的死去而通通集合在陵墓的牆上，也不管他們死時的身分地位為何。阿蒙涅莫佩特身為阿蒙霍特普二世的宰相，有著這樣的頭銜：埃及全境統理、精華土地監官、瑪特的祭司、六大（法）院的聆聽者、所有著短裙男性的控制者與西方土地所有祕密的主人。他的前一任萊克米爾更累計有三十筆頭銜，其中包括雙重金庫與銀庫的監官、諸類工匠的監官、檔案庫的監官、宮廷祕密的主人與「(法老的)入幕之臣」。

接下來登場的是田地監官。他的一名書記很吃力地捧著一批大約六卷的資料在懷裡。阿蒙涅莫佩特不是不肯定監官的辛勤報告,但他總覺得這些東西有夠無聊。大部分的資訊都圍繞著各種國有與私有土地的稅務課徵。很自然地,埃及四境有成千上萬大小不一的土地,而這些土地都得貢獻出一部分的收穫,特別是穀物,來充實國庫或神廟的倉儲。牛隻的頭數,也經常出現在監官的報告中,而有時宰相會覺得監官只是單純話多。很顯然監官都很愛來皇宮裡報到,而且都覺得能待得愈久愈好。到了某個點上,阿蒙涅莫佩特會覺得不耐煩,然後直接請監官抓重點來個總結。但即便如此,宰相還是覺得時間過得很慢。

這一次來的長舌監官除了稅務跟牛隻的流水帳以外,還有一項特案需要稟報,主要是有兩大片田地的主人之間出現了土地糾紛。案情的主軸在於有一地界標記變動了地點,讓其中一名地主吃了虧。問題是,被指控移動了標記的嫌犯,其土地面積反而稍微縮小了一點,由此一條河馬很愛光顧的路徑被歸到了嫌犯鄰居的土地範圍內。這背後的關鍵可能在於河馬動輒跑來踐踏農地,會影響到土地的生產力，再者土地的面積大小也是繳稅的依據。這個案子原本已經由地方上的法官受理，得出的判決對身為被告的嫌犯有利，所以原告這會兒才會跑來向宰相大人上訴伸冤。

阿蒙涅莫佩特跟有爭端的兩造都熟，所以他也知道同樣的事情幾乎每兩年上演一遍，而且每次都會一路鬧到他這個宰相面前。但案子既然循體制內的管道呈上來了，他只得捺住性子思索了一下案情，然後給出了判決。既然雙方都沒有一槍斃命的證據可以證明錯在對方，他粗暴地給出了一個算是各打五十大板的簡單結論：新的地界將會設在「河馬走廊」的正中間。阿蒙涅莫佩特由個人專屬書記寫下了這個決定，將之交給了監官，並在打發他走時撂了這麼段狠話：「以後什麼事情只要牽扯到這兩個傢伙，或是跟河馬有一丁點關係的事情，都不要送到我這裡！」

> 勿任意移動調查官在耕地上測量出的地界標記，也勿擅自改變測量線的地點。不要覬覦不屬於自己哪怕是一腕呎的土地，也不要侵入某個寡婦的地產邊際，因為侵犯別人一溝一渠的傢伙都會折壽，而詐騙土地之人則會被月亮的力量套住頸脖……還請留心不要推倒田野的邊界標記，法庭的審理應令你時時戒慎恐懼。
>
> ——宰相阿蒙涅莫佩特的號令

宰相在被例行公事搞到身心俱疲之餘，倒是對唯一一種官員滿懷著興趣，那就是皇家工程監官，而這名監官也說曹操曹操就到地出現在宰相的面前。聽取神廟、宮殿與皇家塑像等土木建案的最新進度，感覺就像看著工程不斷在眼前有所進展。而即便偶爾報上來的是某種建築上的挑戰，朝臣們也能因為找到了突破性的解決方案而收穫滿滿的成就感。遙遠的南方現有兩座小型的方尖碑在進行建構，而北方則有一座新的宮殿樓宇開始從無到有，而這兩項工程的現狀都經回報在順利地推進中。在此二建案以外，格外需要關注的工程是法老阿蒙霍特普位於「疑宮」中的皇家陵寢。說是疑宮，是因為皇陵的細節只有少數人知曉。身為宰相，阿蒙涅莫佩特有幸得以數次造訪疑宮的預定地，期間皇陵已經漸漸地有了雛形。就他個人而言，阿蒙涅莫佩特也已經開過口讓監官指派建築師與施工組員來負責他本人的陵墓，畢竟他也希望循前任萊克米爾的前例，在多金官僚那不斷擴大的墓園裡擁有一席之地。事實上賽納佛作為阿蒙涅莫佩特的親兄弟，都已經如火如荼地興建起屬於他的墓地。

作為阿蒙涅莫佩特前任的宰相，萊克米爾擁有一座妝點得美輪美奂的陵墓，上頭滿滿的是各種手工藝與職業活動的場景，其中有些也在本書中的插圖裡軋上了一角。

至於與阿蒙涅莫佩特以兄弟相稱的賽納佛，也有一座豪華程度不輸的陵墓，包括其天花板上有磨圓的不規則輪廓可供一叢叢葡萄藤的繪製，給人一種三D立體的感受。

阿蒙涅莫佩特會在兄弟賽納佛的長眠之所隔壁找一塊石壁刻進去，來當作自己的陵墓所在地，而其講究程度也會符合他宰相的身分地位，包括其祭壇的牆上會寫滿文字來註明他的豐功偉業，外加會有其來生生活的奢華場面。雖說距離完工還有一段路要走，但一切順利的話，這座陵墓將在未知的某一天當阿蒙涅莫佩特完成木乃伊處理的時刻，迎接他的肉身入住成為永世的房客。

與皇家工程監官為時不長但回味無窮的會面，讓他的精神鮮活了起來，而當監官離開之後，他穿越了皇宮，來到了法老的起居室，而從那房間內首先傳出的是人的笑語。把頭探進簾子裡的他注意到管家兼持扇者肯納蒙坐在法老的一張椅子上，而剛從午睡中醒來的阿蒙霍特普則坐在床沿。「阿佩！」法老呼喚著他有著「配合夥伴」之意的小名。「肯納蒙才在跟我說起地界跟河馬又害人吵架了！那兩個人究竟有完沒完？」

「肯納蒙還真是喜歡聽我辦公啊。」阿蒙涅莫佩特半開玩笑地說。肯納蒙跟他與國王都是從小一起長大的朋友，所以阿蒙涅莫佩特並沒有真正發火。

「所以說正格的，有什麼大事我需要知道嗎？」阿蒙霍特普問了聲。

「埃及一切安好。」宰相答道。「安好歸安好。我們稍後得步行到謁見廳，因為財政大臣安排了貢品的簡報。一切就等您準備好。」

阿蒙涅莫佩特知道在皇宮中所有的御前活動裡，貢品簡報是法老心中的第一名。在進貢的品項裡，經常會有奇妙的東西出現，但就算是沒有，法老也會很開心於欣賞五花八門的外來動物，乃至於奴隸或進貢使者的奇裝異服。

雖然阿蒙涅莫佩特跟許多有錢官僚一樣，都在底比斯西岸的山坡上蓋了豪華的陵墓給自己，但他最終並沒有真的葬在那裡。因為出於對他極高的尊敬，阿蒙涅莫佩特死後被葬在了皇家墓園的一個陵墓裡，而這是法老家族以外少見的殊榮。相較於他原本屬意的長眠之所，這處破格被贈予他且位於「帝王谷」的皇家陵墓並不複雜，其構成包括一條簡單的墓井跟一間陽春的墓室。重點在於這陵墓距離他所侍奉的阿蒙霍特普二世的華麗皇陵很近。在一九〇六年被發現時，該皇陵已經遭到盜墓者的荼毒與蹂躪（但這在帝王谷裡很正常就是了），所幸阿蒙霍特普的木乃伊還留在原地。當時地板上除了木乃伊，還有幾樣上頭標明了法老姓名的物品。本書作者在二〇〇九年重新挖開了此墓，結果不少被洗劫過的葬儀用具仍留在原地。

(13:00-14:00)

第14章 日間的第八個小時

肯納蒙立在王座後方偏右邊的地方，輕柔而有節奏地揮動著扇子，同時小心別打到高聳的王冠。

持扇者都看在眼裡

身為統治者的阿克黑波汝・阿蒙霍特普漫步過了皇宮的範圍，在宰相阿蒙涅莫佩特的陪同下來到了謁見廳。沒有意外被指定為右側持扇者的肯納蒙亦步亦趨，以精準的步幅與律動跟隨在法老身後，並用一把用異地木頭製成且裝飾有鴕鳥羽毛的鍍金大扇，確保著法老在陰影下保持涼快。一切看來都一如往常地完美而符合神人統治者的身分地位，肯納蒙是這麼想的，他確信再怎麼享盡榮華富貴且自視甚高的外國領袖，看到這一切都會相信人外有人天外有天。謁見廳外的重重大門尚未開啟，但手持矛盾的武裝士兵已開始在廳前列成兩列，從那中間走過必然是一場勇氣大考驗。

進入大廳，阿蒙霍特普首先接受了財政大臣迪杰胡提奈佛的問候，而身為法老的大掌櫃，迪杰胡提奈佛輕描淡寫地保證著新入手的貢品都非常有看頭。十二名書記專心盤腿坐在兩面牆邊，短裙上的莎草紙片也已經準備就緒。謁見廳的後方，一方鍍金的王座立在高於地面的台子上，並很講究地安排了一個陽光光束會穿過窗戶縫隙中而打在法老身上的方位，目的是讓法老散發出一種騰雲駕霧的光環，由此外賓看了只會覺得眼前的這位真的是神。有肯納蒙跟著的法老坐上了王位，而總管則急急忙忙衝到前面來，給法老放好了腳墊。仔細看，你會發現腳墊上雕著努比亞人與亞細亞人這兩個埃及的死敵。這象徵任何時候只要阿蒙霍特普坐下來，就可以恣意踐踏他們。另一名總管小心翼翼將雙重王冠置於了主子的頭頂，完事後便退到廳室裡的側翼。

古埃及統治者可以戴在頭上的冠冕有好幾種。其中紅色的王冠會在後方升起到一個彷彿指著天空的點上，代表著下埃及；造型有如保齡球瓶的白色王冠則代表著上埃及。戴在一起，紅白雙冠可以強調一種不斷重複宣傳的概念：法老是上下埃及之主。法老還可以頭戴一種由金色帶子固定住位置的布質頭飾。另一種特殊的藍色王冠是以戰時為主，偶爾也會用於公開場合的頂戴。

肯納蒙也在自己該待的地方就好了定位。他立在王座後方偏右邊的地方，輕柔而有節奏地揮動著扇子，同時小心別打到高聳的王冠。雖然他們私底下是麻吉，但肯納蒙仍得在公開場合表現出對阿蒙霍特普阿諛奉承的模樣，由此不論他內心在接著的一小時裡多麼慷慨澎湃，都不可以顯露在外。除了肯納蒙以外，王座的左邊也站了一個剛就好定位的持扇者，而他們一左一右也發揮了一加一大於二的效應，為王者投射出了其應有的尊貴與權柄。

雖然說幾百年來，搧扇子的人都是法老隨扈中會固定出現的班底，但「右側持扇者」的頭銜要到阿蒙霍特普二世的時代才會出現。由於這些持扇者與法老可以說是同進同出，而且正式場合都得一併出席的貼身心腹，因此只有最忠誠也最獲信賴的人選才能出任。

等到一切人事物看似都各安其位後，財政大臣迪杰胡提奈佛問了聲法老是否可以開始了。此時肯納蒙與他的持扇者同事都在姿態上肅穆了起來。法老點了點頭，下令讓重重的大門開啟，遊行隊伍於是開始井然有序地緩緩朝謁見廳前進。財政大臣宣告了可以一睹法老丰采的各個代表團，而法老那不怒而威的尊容將是這些異族若能順利回到故鄉後，可以向人說嘴好一陣子的殊榮。惟即便如此，他們還是不被允許直視法老或是直接與法老對話。

首先進入謁見廳的是群由一隊埃及士兵陪同，外加有書記擔任翻譯的努比亞人。「看啊！可恨

外國人經常被視為是混亂的代理人。從左至右：努比亞人、利比亞人與亞細亞人。繪於法老塞提一世的陵墓當中。

之努比亞的代表！」迪杰胡提奈佛宣告著。努比亞人前排的三四個人穿著白色的短裙，黑短髮上則插著羽毛，同時身上還裝飾有象牙頸鍊與耳環。仍在輕輕給國王搧著扇子的肯納蒙從這些人的衣著上，意會到他們肯定是酋長的身分。在接近過王座之後，他們旋即便彎腰代表歸順地退了開來，回到了身後那謁見廳的入口，後頭還跟著數十名幾近全裸的貢品搬運人員在頭頂籃子與甕的重量下汗如雨下。面對這樣的光景，肯納蒙從他的極佳位置上看得非常開心。

埃及傳統上的諸多敵人被稱為「九弓」（nine bows）。埃及人對異地的居民並無太多好感，皇家藝術中只會不斷強調他們的歸順與服從。神廟牆上會繪製著他們死在法老手中的場面，或是他們不得不乖乖聽話的畫面。另外所有被埃及擊潰而征服的城市與部落名稱，也都會被當成功績列在牆壁上面。圖坦卡門法老那幾乎毫髮無傷被保存下來的陵墓裡，有許多物品都象徵性地代表著這些異族的卑賤，像是涼鞋與腳蹬，都是讓法老可以把這些敵人天天踩在腳底的日常用品。

透過翻譯，酋長們介紹了他們送來的貢品。首先是置放在王座平台前方地上的若干籃子，裡頭裝著滿滿好幾罈子的金粉。另外幾籃則略顯凌亂地放著各式各樣的金銀珠寶，一看就知道是從老家的努比亞百姓手中搜刮來的東西。然後是成群袒胸露乳的女性被緩緩帶到了法老面前遊行，看法老有沒有想為自己的僕役或後宮補充一些合他胃口的生力軍。在被鑑賞完之後，這些女人一個個快速退場。

再來出現了幾十名男性在肩上背著裁切好的黑檀原木。他們將木頭整整齊齊地在廳內一隅疊好，才轉身退到門外。接著好幾棵賞心悅目的樹木在橫桿的支撐下被扛了進來，而這些樹的根部都種在裝了土壤的籃子裡。然後依序登場的分別是出自異地奇禽的好幾綑羽毛，若干疊黑豹與獵豹的皮毛，還有大象的象牙。為了從動物身上取得這些寶貝，努比亞的獵人顯然冒了極大的生命危險。

阿蒙霍特普二世的父親圖特摩斯三世曾建有御用植物園，裡頭種著各種奇花異草與瑰麗樹木，分別來自埃及帝國的東西南北。關於這些收藏的描述，也被記錄在了蔓延於尼羅河東岸的卡奈克神廟範圍內，圖特摩斯三世所建立的一個房間裡。

來自努比亞的奇珍異寶大遊行，仍持續進行著。十二隻鴕鳥步入了廳內，且每一隻都至少由一名管理者制伏著。這些鴕鳥不論是其羽毛或是所產下的蛋，都被認為極具價值。只要照顧得宜，這些鴕鳥有機會在埃及的鳥圈中存活下來。繼鴕鳥之後登場的是幾隻身形魁梧的狒狒，而牠們也同樣被繫上了用來控制其行動的鎖鍊。這些狒狒像是進了大觀園，昂首闊步地四處張望。狒狒的控制者肩上都還另外棲息著一隻小猴子。不過猴子不分種類與大小，都不是肯納蒙的菜。事實上他很厭惡這些潑猴，而狒狒與小猴也似乎不怎麼想與他有什麼交流。皇宮裡可以看到好幾隻狒狒四處遊蕩，主要是阿蒙霍特普覺得牠們挺生趣，便養著牠們當作私人的寵物。努比亞的狒狒據說已由人馴服，但即便如此，牠們的行為還是充滿了變數，素行不良的牠們可說所到之處滿目瘡痍。「我猜牠們受過的訓練，就是要討厭埃及人吧！」肯納蒙心想，不覺莞爾。

與跟他是冤家的狒狒分手後，接棒的動物就可愛多了。一對小獅子肩並肩地走了出來，雖然因為酷熱而喘著息，但仍不失其天生為萬獸之王的貴氣。再來是一對長頸鹿的幼獸。對埃及人來

努比亞的使者獻上了長頸鹿作為貢品。

說，長頸鹿是一種他們覺得十分有趣，但懶得去照顧的動物。長頸鹿之後，便是努比亞這個月貢品的壓軸：年紀還算是青少年的一頭黑豹在頸上戴著有浮雕妝點的皮製項圈，光滑的皮毛與黃色的眼睛讓在場的人紛紛讚嘆不已。肯納蒙對貓幾乎是來者不拒，但比起氣質軒昂的大貓，他更鍾情的還是嬌小可人的家貓。身在埃及，對各式各樣的動物感到害怕或厭煩都是再正常不過的事情，但貓咪是一個特例。牠們可以獨立，也可以親人，還可以幫忙獵殺一些小型的有害畜生。就算是你惹牠們生氣了，被貓咬個兩口或被抓出幾道血痕，也不會鬧出人命。

埃及人喜歡貓是有「白紙黑字」文件記載，鐵證如山的事情。代表貓科動物的埃及神明至少有兩宗：一個是凶狠善戰的母獅──賽赫邁特，另一個則是會以小型家貓之形象現身的芭斯泰特女神（Bastet）。但不論是哪一個，她們共同的特色都是好戰與喜歡保護人。貓的木乃伊被發現躺在專用的木棺裡，已經有好幾例。甚至於在某個墓地，有數千隻貓木乃伊出現在獻給芭斯泰特女神的還願祭品裡。有個貴為阿蒙霍特普曾孫，但沒有活到能即位成為法老的圖特摩斯王子，曾經為他的愛貓製作了一方精雕細琢且刻有銘文的石灰岩棺。

終於在感覺永無止境的努比亞寶物馬拉松之後，一列埃及侍從井然有序地出現把貢品挪走。肯納蒙看著阿蒙涅莫佩特給了阿蒙霍特普一個會心的微笑。他們都喜歡努比亞的特產。等到謁見廳終於恢復清爽，就又輪到下一組使團來展示貢品了。第二個使團裡有著來自若干「低賤亞細亞城市、鄉鎮與部落」的代表，現場猖狂地宣布著，而他們都積欠了埃及入侵者所要求的貢品。阿蒙霍特普對這些人一個都不同情，怎麼說他也看過不少埃及同胞戰死在與這些人的戰鬥當中。二三十個留著長髮，身上戴著珠子，身上做著彩色短裙與上衫打扮的傢伙，走到王座面前排成了兩列。「在活生生的荷魯斯神阿克黑波汝面前，還不五體投地！」阿蒙涅莫佩特如此號令著，而他的話語也隨即透過通譯傳了出去。「跪！爬！停！」阿蒙霍特普以至高無上者的身分，面無表情地俯視著一切。肯納蒙忍著笑，把這一幕看在眼裡。在緊張兮兮地趴了幾分鐘以後，亞細亞的酋長們終於在喝斥中得到了解脫。「滾回家！讓你們的族人知道你們都在埃及看到了些什麼。下次再來時請多懷著幾分敬畏！去！」他們緩緩地起了身，頭也沒敢抬地就退出到了外頭。

他們人一閃，亞細亞的大量進貢隨即無縫接軌地展開。一籃接著一籃從民眾手中充公或有人主動獻出的金銀珠寶被呈了上來，這些顯然是為了達到埃及要求所搜刮來的個人財物。珠寶秀完之後，第二批上場的便是數十名留著黑色長髮，衣著並不出眾的美女在王座之前緩緩轉了幾圈，然後就這樣退了出去。一名矮胖而邋幅不修的亞細亞男子領著一頭繫在繩子上的黑熊，出現在了場中。

因為某種不滿而呻吟著的大熊顯然並不樂於這樣拋頭露面。肯納蒙與阿蒙霍特普的隨從都沒怎麼看過這種生物，其中肯納蒙覺得能再次看到熊，還算滿有趣的。他記得自己見過類似的熊在運送過程中把水手抓了個重傷，但其實這種熊養起來很花錢，毛皮也不怎麼適合埃及的熱天。惟儘管如此，只要能把牠們控制在安全的環境裡，這些大熊還是很有欣賞的價值。

接著上場的貢品讓肯納蒙看了十分開心。同樣的對阿蒙霍特普而言，這種貢品也會比什麼都讓他更感興趣。沒錯，那就是馬匹！法老的皇家馬廄養著最強壯與最能跑的駿馬，牠們拉著戰車與敵人交戰的狠勁讓他一想到就興奮不已。此刻朝著這對君臣走來的馬兒應不下百匹，每一匹都梳理得漂漂亮亮，有的還在頭上插著羽毛裝飾。牠們一匹匹依序行經王座台前供法老點閱，其中最後的十來匹還拉著之前被亞細亞人逮住的戰車，上頭有埃及的車手在控制著。阿蒙霍特普會把這些馬裡頭最拔尖的幾匹留下來鍛鍊。

「還有嗎？」法老懷著期待之情有此一問。「是的。」迪杰胡提奈佛答道。「我們還有一個來自凱夫提攸（Keftiu）[5]的代表團。」這之前，阿蒙霍特普曾跟肯納蒙說過他跟凱夫提攸人井水不犯河水。凱夫提攸人生活在「大綠」上的克里特島上——大綠是埃及北方的那一片大海——而他們與埃及人在大多數的時間裡，都進行著和平的貿易。「帶他們進來。」法老下令說。

凱夫提攸的代表進得門來，而他們顯然有著與努比亞人跟亞細亞人迴異的身材與外觀，乃至於他們在服飾上也顯現出不同的打扮。肯納蒙留意到凱夫提攸人不用像其他人一樣在法老面前卑躬屈膝地作踐自己，只消合理地輕跪鞠躬即可。他們帶來的禮物主要是一甕甕的酒，而埃及對此再歡迎不過。宰相代表依舊不苟言笑的法老送了凱夫提攸人踏上歸途，而謁見廳也再一次獲得清空。

阿蒙霍特普從王座中起身，伸展了腿腳，而書記們則紛紛走避。「您還滿意嗎？」肯納蒙問了聲。但還沒等到法老回答，肯納蒙就率先發難，提出了他自己的意見：「應該算還不錯啦，但兩個月前的進貢好像東西比較多。努比亞人這次怎麼沒有帶薰香來？比起兩頭長頸鹿，我還比較喜歡薰香！還有那些敘利亞人，我不喜歡他們的鬍子，怎麼也不剃剃。還有利比亞人跑哪兒去了？他們這次都沒有東西進貢嗎？」阿蒙霍特普一聲不吭地準備移駕離開，但他心裡應該很滿意這天精彩的土產秀與動物大觀。

5 即閃族語言中的卡普托人（Caphtor），來自於遠古的地中海邁諾斯文明。

(14:00-15:00)

第15章 日間的第九個小時

偉大的王后有所要求

提婭坐在尼羅河畔的亭子裡，一張她專屬的舒服椅子上，深陷於思考當中。同時旁邊有兩名僕役隨侍在側，聚精會神地等著回應主子的大小需求。確實，王后心裡藏著一些她想要開口的要求，不過那盡是些這些隨從無能為力，得要她身為上下埃及之主與太陽神之子的老公——阿蒙霍特普——才能設法滿足的心願。在她的這些個心思中，包括了他是否視她為對自身統治的威脅。阿蒙霍特普依舊持續抹消著前任女性統治者，也就是哈特謝普蘇特的各種記憶與痕跡，但事實上大家還沒有徹底忘記她，畢竟以她為紀念對象的碑塔實在是有一定數量，包括遠遠的卡奈克神廟裡有獻給她的方尖碑在閃閃發亮。她的雕像可以被搗毀，她的名號可以從碑塔上被鑿掉，但總是有許多與她同時代的人活著，而他們心中的記憶與傳奇不是誰說抹消就可以抹消。

身為偉大的王妻，提婭並不希望表現得太有野心，即便她確實想過要做一些有違傳統的事情。哈特謝普蘇特奪權的教訓，清楚證明了一件事情：女性不該統領埃及，這一方面是不符傳統，一方面是有神學上的疑義。女性當家的事情是否還會在埃及出現第二遍，實在很難說，現下看起來是機會不大，尤其畢竟提婭已經產下了好幾名王子。而不同於以往幾位國王，阿蒙霍特普還沒有娶第二名妻子的計畫。別人先不說，他的父親圖特摩斯就納過妾，而且當中有三名還是來自敘利亞的異國女子。

有些埃及學家猜測哈特謝普蘇特曾計畫要扶植她的獨生女娜芙汝瑞（Neferure）成為繼任的王者，但當哈特謝普蘇特從年幼的圖特摩斯三世手中奪權成功，而且仍然主掌著埃及政治時，娜芙汝瑞似乎就已經不知道是失蹤了還是死了，由此年輕的圖特摩斯王子已經等不及要在哈特謝普蘇特死後統治這個國家。

依照傳統，諸王子中在阿蒙霍特普駕崩時最年長的一人，將繼任成為新的法老。提婭自然有她偏心的兒子，那是個個性討人喜歡，而且名為圖特摩斯的王子。事實上，他也就是日後的圖特摩斯四世。她很樂見的未來是一旦阿蒙霍特普死了，她將晉身為國王之母的太后角色，而這在某種程度上是與偉大王妻有著同等權柄與影響力的頭銜。提婭深知這一點，是因為她還在世的婆婆，梅利特—哈特謝普蘇特非常的飛揚跋扈，對她的兒子簡直予取予求。其中特別值得一提的，是她要求自己也要在皇家墓園裡有一席之地，而且她的陵墓還要設在與兒子埋骨之處不遠的地方。提婭覺得自己也該獲得跟婆婆同等的待遇。

有人認為圖特摩斯四世即位的過程中牽涉到某種宮鬥或權謀。吉薩金字塔旁的人面獅身像旁豎立著一座大石碑，而上頭的碑文想盡各種辦法，就是要合法化圖特摩斯四世的統治，包括當中提到一個故事是斯芬克斯[6]以神明之姿入夢與王子接觸，雙方約定只要王子能夠讓斯芬克斯從沙塵的埋葬中解放出來，他就能成為埃及的統治者。埃及學者認為這種主張有點欲蓋彌彰，其背後的動機非常令人起疑。

當提婭對負責阿蒙霍特普陵墓的諸位監官提出了相關的要求後，他們對王后透露了一項事實：

6 Sphinx。斯芬克斯是源於古埃及的神話怪物，多為雄性。傳說中的三種斯芬克斯分別是獅身人面（Androsphinx）、獅身羊首的（Criosphinx）與獅身鷹頭（Hieracosphinx）。

好幾位皇家的女性成員有陵墓建於皇家墓園南方的偏遠絕壁內。這些女性陵墓的興建，是在離地有相當距離的高度上把隧道打進岩壁裡，以確保不會有人能闖進去進行破壞或劫掠。她發現在哈特謝普蘇特成為統治者之前，她的陵墓就已經建好了，她女兒娜芙汝瑞的陵墓也建好了，外加圖特摩斯三世的三個敘利亞側室也有一個可以共享的陵墓。但要她這個正宮死後埋在離丈夫如此偏遠的地點，她說什麼也不能接受——提婭暗暗下了這樣的決心。

除了哈特謝普蘇特這個例外中的例外以外，古埃及三千年的歷史當中鮮少有女性擔任國家的領導人。蛛絲馬跡顯示一名早期的埃及王后梅利特—妮絲（Meryt-Neith）或許曾經登上統治者的位置，但她的名字並沒有出現在古代埃及君王的名冊當中（但話說回來，確定統治過埃及的哈特謝普蘇特也沒有）。另外一名女性，也就是第六王朝的妮托克里斯（Nitocris），有被列名在君王名冊中，但除此之外我們找不到具體的證據可以證明她的存在。索貝克奈芙盧（Sobeknefru）似乎曾經在第十二王朝時當政過六年。哈特謝普蘇特在第十八王朝時的統治自然不容質疑，但有人認為同期後來的一名王后娜芙蒂蒂（Nefertiti）也曾經在其有爭議的法老丈夫阿肯納頓（Akhenaten；即阿蒙霍特普四世）死後統治過埃及。這之外還有一名女性塔沃斯塔（Twosret）可能曾在第十九王朝混亂的終局當中獨力統治了埃及兩年。然後就是在一千年之後出了個舉世聞名的克麗奧佩特拉。雖然名為「埃及豔后」，但她其實是希臘出身的埃及王后，而希臘對埃及長達三百年的統治，也在她主政時結束於處在擴張期的羅馬帝國手中。

提婭過的是沒什麼重責大任的優渥生活，除了要生小孩由別人扶養，並當阿蒙霍特普在公開場合的花瓶以外。所以她有很多時間可以去思考包括陵墓在內的種種問題，也可以去納悶為什麼阿蒙霍特普怎麼老是去做一些累人就算了還可能很危險的事情，只為了尋個開心，或是為了在愛戴他的民眾眼前證明自己的神力與體力。她尤其覺得不解的是法老為什麼要從奔馳的戰車上射箭，她也覺得跑步是件很蠢的事情。不過划船倒是讓她覺得看著很有趣，尤其是從河邊那豪華且有遮蔭的高台上望去，她可以一邊欣賞船行，一邊享受涼風習習。說起划船，她是不太相信自己的老公能一槳在手就展現傳奇般的超人能力。由此對於阿蒙霍特普在戰場上的英勇戰績跟寫在神廟牆壁上的各種英雄事蹟，她也都覺得誇張至極。

埃及不少統治者都建有專屬的「後宮」供皇家的婦孺生活其中，並接受一整組唯命是從的僕役侍奉。在拉美西斯三世的統治期間，他有一名較不受寵的王后計畫過一項陰謀，主要是她想殺死法老，並讓她最鍾愛的兒子取而代之。事實上從拉美西斯三世的木乃伊狀況來研判，這名妃子與她兒子似乎還真的成功要了拉美西斯的命。關於對這些密謀者的指控與判決，都在莎草紙的文件上詳細保存了下來。雖然在多數的案例裡，刑罰的細節都不會留下文字記述，但可以想見其手段必然相當嚴酷。某些被定罪的犯人會獲准自裁。

另一件讓提婭心煩的事情是阿蒙霍特普的寵物。他有幾隻吃得不比人差，毛髮更是經過用心梳理的獵犬，外表看來光鮮亮麗，互動起來也彷彿能通人性。興致一來，阿蒙霍特普會讓狗狗進入皇居當中，任由牠們在宮中跑來跑去，討主人的歡心。而即便是狗兒在戶外時，你也不難遠遠地聽到牠們的高亢叫聲。此外就是提婭連一點好感也沒有，也不明白可愛在哪裡的那些猴子。不止一回她曾經堅持要老公跟這些不受控又過度活潑的動物夥伴分手，但阿蒙霍特普都只把她的話當成耳邊風。三不五時她會賭氣一個人去別的宮殿待著，算是避風頭吧，但等她回來時，阿蒙霍特普的動物收藏規模不但沒有縮減，甚至還會添加新血。

這天雖然她離開宮裡已經大半天，但提婭完全知道法老稍早對外國人的豐沛進貢進行了檢閱。她覺得這類大拜拜的「展覽」很沒有品味，因為現場的聲音吵、汗臭重，還有各民族特殊的體味，並且現場微妙的空氣顯示所有人都被法老與他一票士兵跟官僚給嚇得屁都不敢

提婭，阿蒙霍特普二世的王后。

放。不過她確實發現某些默默被送來的珠寶配件頗令她眼睛為之一亮，而等到現場鳥獸散之後，阿蒙霍特普也會讓她好好地在一籃籃的外國首飾裡盡情挑個夠。

一名信差跑來通知王后說她的丈夫即將蒞臨。而就在幾分鐘後，笑語聲宣告法老駕到。一行人當中阿蒙霍特普看來非常開心，跟他的宰相阿蒙涅莫佩特跟好朋友肯納蒙三人有說有笑。「比起陪我，他陪這兩個傢伙的時間還比較多吧！」她在內心咕噥著。跟在這三劍客身後的是好幾名負責顧好牽繩的士兵。提婭擔心得沒錯，果然他又是因為收集了新的動物才這麼得意。「妳看，提婭！」阿蒙霍特普向他的王后打起了招呼。「這是來自敘利亞的熊！讓牠用後腳站起來給王后看看。」法老下令說。一名士兵於是給了大熊一棍，而挨了一下的牠努力站高高了好一會兒，才又回到了四腳著地的姿勢。這些把戲提婭都早就看過，所以並沒有什麼驚豔的感受。

緊接著上場的是小長頸鹿。對此提婭的想法是動物還不是都是那副死相：小時候都可愛得跟什麼一樣，但等長大以後就歪掉了。截至目前，法老的「野生動物園」討厭歸討厭，但還沒有戳到她的雷點，但就在這時，那最令人頭皮發麻的猴子出現了。即便是有繩子綁住，過動地跳個不停的猴崽子們還是吵得可以，一點都不討人歡心。

帝王谷裡有三個陽春的小型陵墓始終讓考古學者丈二金剛摸不著頭腦。在距離阿蒙霍特普二世的陵墓不遠處，這三個小陵墓都內含著猴子的木乃伊，甚至其中一個小陵墓裡還擠了一隻狗。所有動物的銳利犬齒都已經被拔除，可能是為了讓牠們在人類之間生活變得安全一點。這些動物陵墓距離阿蒙霍特普的陵墓之近，代表著法老與動物之間存在著某種關係。難道說牠們生前是法老的寵物嗎？又或者牠們是另一名統治者的寵物？這些動物具備某種宗教祭祀的功能嗎？

阿蒙霍特普不是不懂得看臉色，他知道王后的表情訴說著不悅。「今天的進貢還算滿有誠意！那些珠寶真的很有看頭，回宮裡來瞧瞧吧！」

「也行，但我有話想先跟你單獨說說。」提婭答道。

阿蒙霍特普令人把動物帶開，然後等閒雜人等都退到其聽力範圍外之後，提婭便開始唱名起了她說長不長，說短不短的一串要求。

「首先，我要在皇家墓園裡有專屬的陵墓。我可不想被葬在遠不啦嘰的懸崖裡，跟你老爸的一票女人當鄰居。」

阿蒙霍特普看似稍微想了一下，但也沒有真的考慮很久，就同意了這第一個要求。「這我可以安排。我會給妳弄個符合妳身分的陵墓，但別期望太高，別忘了我才是再世的荷魯斯，妳只是他的妻子，懂嗎？」

接著，提婭再次要阿蒙霍特普保證她會是法老唯一的妻子。她不想要其它的嬪妃威脅她的地位，也不想身邊有阿蒙霍特普跟她們庶出的小孩跑來跑去。換句話說，她不要阿蒙霍特普跟他老爸一樣接受外國把公主當成禮物送來，也不要他跟那幾十名被當成貢品獻上來的裸女牽扯不清。另外她也要阿蒙霍特普對她好好疼惜。

她屏住呼吸等待丈夫的回應。所幸阿蒙霍特普給出了承諾，他答應提婭自己只需要一個王后足矣。「妳既是一個好王后，也是稱職的國王之妻，我想不到有誰可以取代妳。由此我會好好照顧妳。」

法老言盡於此，夫妻倆相擁在一起。提婭也保證法老不用擔心她會成為另一個女性的僭越者，雖然她平常感覺很龜毛，要求東要求西，但政治上她並沒有任何一絲野心。惟即便氣氛一下子變得很溫馨，她還是忍不住在丈夫耳邊多嘀咕了一句：**猴子跟我請你二者擇一！**

提姬後來確實在新王國時期的帝王谷中的皇家墓園，擁有了一席之地。她的陵墓構成包括了兩組階梯與廊道可通往一處墓室，牆壁並未多加裝飾，畢竟這陵墓的主人不是法老本人。考古學者發現提姬的陵墓已經遭到盜墓者蹂躪，但殘存的葬儀用品仍足以證明這座墓屬於阿蒙霍特普法老之妻。

(15:00-16:00)

第16章　日間的第十個小時

荷努特諾弗列特與漢蒂這一對專業的母女檔「孝女」開始發揮演技，伏在滿布塵埃的地上搖頭晃腦，撕心裂肺地哭嚎起來。

專業的孝女放聲哀號

我與哀悼者同在，（也與）撕扯著自身頭髮來代表歐西里斯哀嘆的那些女人同在……我要在歐西里斯的敵人面前證明祂所言不虛。

——《阿尼的莎草紙》卷軸手稿

「妳的頭髮得再亂一點才行。」荷努特諾弗列特念了句，「妳看起來不夠傷心。還有把那件衣服脫掉，換上這一件。」她邊說邊把一條髒兮兮的短裙扔給了女兒漢蒂。漢蒂褪去了原本乾淨的衣裳，然後就跟母親荷努特諾弗列特一樣把一片汙穢的亞麻布纏在腰上。腰部以上一絲不掛的她們把白色的灰塵抹在胸上，就這樣準備出發。

「我真的很討厭這工作，」漢蒂不住地抱怨了起來，「幹這行讓我覺得傷感，又尷尬。而且妳看看我現在這一身裝扮，還是我應該說妳看我這一身光溜溜。」

「也許既然妳內心傷感，那妳形之於外也會顯得哀傷，而那不就是我們想要的效果嗎？還有妳的打扮嘛，妳去跑趴跳舞時也差不多是這樣衣不蔽體啊！」

「那不一樣好嗎，而且說真的，我還真希望今天的工作可以速戰速決，因為我晚上要去監官烏瑟黑特的晚宴上跳舞。」

荷努特諾弗列特與漢蒂是母女檔的「孝女」，也就是專業的哀悼人。一經雇用為客人代勞，她們會看似撕心裂肺地在與埋葬有關的喪禮儀式上哀戚哭號。今天要下葬的是伊比，也就是整個底比斯人緣數一數二差的那位。但即便如此，伊比生前還是結交過幾位有力人士，而且出手非常闊綽——闊綽到他死後足以在菁英官僚的陵墓間擁有一席之地。他不僅行走在社會上的名聲很差，而且連他自己的家人都很鄙視他，最熟悉他的妻子芭克塔姆尤其不在話下。伊比老是喝得爛醉如泥，而且又喜歡找女人給他「特別服務」，再者伊比有錢歸有錢卻摳得要死，對人非常小氣。荷努特諾弗列特知道漢蒂在伊比這名監官的派對上跳過一次舞，而當時伊比對她就像蒼蠅一樣死纏爛打（所以把他請來的賓客都晾在一旁）。但即便如此，他付給漢蒂的報酬還是只有答應條件的一半。

伊比的木乃伊已經在早上送回到他生前的別墅，跟為他準備的棺木合體，而棺木裡也放了很多喪葬用品與一些吃的。等荷努特諾弗列特與漢蒂到場時，幾乎所有的準備工作都已經就緒，就等著讓伊比渡河到西岸。在場的除了身為防腐師的哈普涅賽博、兩名要主持儀式的祭司，還有數十名要負責把各種陪葬品扛或拖進陵墓的人手。芭克塔姆與其他人隔著一段距離站著，而這其他人裡包括了她丈夫生前少數的幾個朋友。荷努特諾弗列特看得出來這些狐群狗黨在芭克塔姆的眼裡，就跟她老公生前一樣讓人看不起。伊比留下的孩子也拒絕出席，而這按當時的傳統可以說是個驚世駭俗的決定，因為長子理應擔任葬儀中的一名祭司，但考慮到他父親在外頭聲名狼藉，所以別人也很難苛責伊比的兒子不願依照古禮。在場的其中一名祭司願意擔任長子的代理，實屬萬幸。

棺木被置放在由防腐師傅提供，一個附有木質頂棚的喪葬專用拖橇上頭，而另外一架拖橇則用來運送一個櫃子，櫃子裡裝著伊比的四甕內臟。哈普涅賽博一聲令下，所有人排成一列，然後送葬的隊伍就開始啟動。好幾名男性拉著橇板前進，其他人則把精選的家具與箱子扛在肩上。隊伍的順序是祭司在最前方領路，後頭跟著芭克塔姆與伊比的朋友、然後是各種物品，最後才是荷努特諾弗列特與漢蒂。「即便今天要服務的是伊比，妳也要拿出妳最逼真的演技。」荷努特諾弗列特給了女兒這樣的建議，她希望能因此讓摳門不輸伊比的芭克塔姆付給她們母女全額的報酬。

尖銳的哀嚎與虛偽的悲戚，吸引了沿路民眾的注意。送葬的行列最終停在了岸邊，並花了幾分鐘來把所有東西裝上船隻。漢蒂與荷努特諾弗列特靜靜地坐著渡河，但去到彼岸後又繼續哭聲大作。通往菁英官僚的墓園山坡，是一條熟悉而漫長的道路，途中會短暫休息幾回來讓拖扛東西的組員進行體力的調節，而這也提供了機會讓「孝女」發揮她們的專業演技。她們會伏在滿布塵埃的地上搖頭晃腦，不能自已地哭嚎。荷努特諾弗列特知道大家都知道她們是拿錢辦事，因為即便是伊比的朋友，都不覺得他死了有什麼好哭。不同於棺木與許多其他的喪葬用品，負責假哭的孝女一點都

一場有祭司參與的葬禮中除了棺木中的逝者以外，還有兩名哭嚎著的專業哀悼人。出自新王國第十九王朝，書記亨內弗（Hunefer）所擁有的《死者之書》莎草紙抄本。

不貴。但即便如此，荷努特諾弗列特還是聽聞了芭克塔姆在這方面能省就省。畢竟她只替先夫準備了最最起碼的居家用品陪葬，準備封入陵墓的備品也相當寒磣。

一名負責裝飾陵墓的朋友告訴荷努特諾弗列特，幾年之前，以小氣著稱的伊比竟然指定了要在底比斯的高官之間建一座陵墓。那位朋友說伊比指定的是如今還算挺風行的一款墓型——那裡頭會有一個天井，天井後方會有鑽入石灰岩坡面的祭壇。祭壇本身的構成會有一道開放的門徑通往一間窄室，而窄室分別向左右延展。窄室之後還有另一間長方形的墓室。伊比本身會葬在天井裡一間地下墓室，這間墓室的對外通道是一條可以透過封填來關閉的墓井。

她的朋友笑著談起伊比是如何堅持要讓他的祭壇修得美美的。他要求石膏牆上要繪有適當的場景來讓他來生衣食無虞，同時也方便親朋好友來訪時可以藉著這祭壇來緬懷他。不過老實說，伊比自己應該也很清楚他一旦過逝，沒有多少人會真的懷念他。除了描繪他這一生中的某些高潮，包括與阿蒙霍特普法老見過兩次面以外，牆上能看到的都是被「修圖」修得看起來既強壯又英挺的伊比坐在堆滿埃及美食的桌前。為免光靠圖畫會有人看不懂，搭配的銘文挑明了說伊比不論在人世間或來世都是有頭有臉的人物，並且不論有沒有人在乎都將豐衣足食。

古埃及人認為寫下或說出或呈現在繪畫中的字句有一種超自然的現實屬性。許多達官貴人的陵墓壁畫，描繪的都是來生生活的各種場景，包括各種日常所需的供應。他們覺得光用這些話語，就可以讓逝者在身後衣食無虞，甚至過得比生前還滿意。

最終，荷努特諾弗列特與漢蒂母女偕葬列中的一行人來到了伊比陵墓的天井處，他們在那兒看到了趁木乃伊製作期間趕工完成的祭壇。荷努特諾弗列特發現天井本身就跟祭壇的門徑一樣，都被刷成白色，而門徑上方有兩排碟盤，每個碟盤上都有象形文字的銘文註明了伊比的名諱與頭銜。這些錐狀的圓盤被插進了牆上的灰泥裡。在天井的中央有一個具有深度的柱井，而所有的墓葬品都被擱在了柱井的邊上。

古埃及人的「喪葬圓錐」已經在數百名大小官員的墓中發現有數千個，其中新王國時期的出土量特別多。隨著陵墓祭壇的正面在歲月更迭中崩毀，喪葬圓錐也一併墜至地面，且由於攜帶不困難，這些圓錐便被骨董商收集起來並拿去販賣。喪葬圓錐的確切用途仍無定論，但有趣的是部分的個別圓錐上有名字不屬於已知的陵墓，由此顯示在菁英階層的墓園中，應仍有許多未被考古發現的墓地。

有著不同分工的祭司與挑夫把伊比的木乃伊從棺木中移出，並將之直立在祭壇入口的前方。荷努特諾弗列特看著**誦經祭司**拿著書卷站了出來，開始唸咒。接著出場的是一身耀眼純白打扮且肩上披著豹皮的**殯葬祭司**。今天在場的人就屬他最重要，因為他要負責主持淨化的儀式與「開口典禮」，也就是讓伊比的靈魂活過來，重啟他生命功能的程序。

殯葬祭司用一個形狀類似斧頭的工具「錛」，靠上了木乃伊嘴唇，然後又用上了鑿子等各種用來撬開東西的工具，期間他都會不住地念誦著搭配的咒語。此時從角落出現了一個男人拿著剛切斷的母牛腿——荷努特諾弗列特確信那隻腿還反射性地在抽動——而這也是要獻給木乃伊的東西。被宰殺的動物除了會是稍後宴會上的佳餚，剩下吃不完還可以送給祭司等幫手作為受歡迎的報酬。這段時間從頭到尾，荷努特諾弗列特與漢蒂都不能偷懶。她們得輪流哀泣，且為了避免哭聲太過單調，她們還得技術性地穿插聽來毫不做作的淒厲叫喊，這樣哀傷的氣場才會飽滿而沒有破綻。

在盡職地哭爸哭媽之際，老練的荷努特諾弗列特還時常有心思可以想著自己負責「人聲伴奏」的是一趟什麼樣的旅程。伊比此刻應該已經在前往來世的途中，通往最後審判的是一條相當險惡的道路，也是一種讓人神經緊繃的考驗。荷努特諾弗列特已經注意到在各式各樣的喪葬用品中，有個甕裡立著一綑紙卷。那卷莎草紙肯定是《死者之書》的抄本，而《死者之書》可以用各種指示幫助伊比完成這趟最後的旅程。不過依照伊比小氣的個性，他想往生極樂必備的這本旅遊書應該也是隨便買來的便宜貨。惟一分錢一分貨，廉價的版本很可能在內容上錯誤百出，因為執筆的可能是把這當作練習而願意接受低薪的書記學生。有時候，這樣買來的《死者之書》可能是二手貨，賣家可能只是把前一手死者的名字刮到看不見，然後再補上新買主的名諱。

在黑暗而可怖，身邊放眼所及盡是魑魅魍魎的陰間旅行，是對逝者勇氣的一大考驗，所以說他們會需要把正確的知識與咒語揣在手，才能夠順利通過。不過即便闖過了所有的關卡，走完了陰間之旅，審判廳才是伊比將確知其最終命運的地方。他會在審判廳裡來到亡者之神歐西里斯的面前，而身為大哥的歐西里斯會端坐在有他兩個妹妹伊西絲跟奈芙蒂斯站在後頭保護他的王座上。四十二個擔任判官的神明會全員出席，然後祂們會質問伊比有沒有在活著的時候犯過各種大大小小的錯誤。當然不論神明提出什麼問題，死者一般的反應都是否認到底。於是最終，伊比的心臟會跟瑪特化身而代表真實的羽毛被分別放在天平的兩端測量，人心與瑪特必須要達成平衡而在天平兩端不分上下，不然那後果可真是不堪設想。因為逝者的心臟一邊在秤，天平的旁邊就會有一個集各款惡魔於一身的怪物阿穆特（Ammut），又名「死者的吞噬者」在猴急地候著。阿穆特有著鱷魚的頭、花豹的身體、河馬的後腿，而萬一逝者生前的行為被判定充滿了各種瑕疵，那他的心臟就會被餵食給阿穆特，死者就會就此消失在虛空之中。惡人將不會有愉快的來生。

《死者之書》的內容裡會教（死）人所謂的「反向坦承」或「無辜宣示」，意思是作為判官的神明質問死者時，他們應該要如下來否認自己的犯行：

我不曾犯過罪。

我沒有暴力搶劫過誰。

我沒有手腳不乾淨地偷過東西。

我不曾殺戮過男人或女人。

我沒有竊取過莊稼。

我沒有侵吞過祭品。
我沒有私藏過神明的財產。
我沒有說過謊。
我沒有罵過髒話。
我沒有襲擊過誰。
我不是個心高氣傲、自以為是的傢伙。
我不曾把別人耕種的土地占為己有。
別人說話我沒有偷聽過。
別人的聲譽我沒有誹謗過。
神明的規矩我沒有褻瀆過。
暴力的傾向我身上沒有。
世間的爭端我沒有挑動過。
我沒有冤枉過誰，也沒有犯下過邪佞之行為。

——阿尼的《死者之書》

五花八門的各種儀式慢慢來到了盡頭，於是兩名挑夫利用刻在井壁表面上供腳趾卡上去的凹槽爬下了柱井。眾人把木乃伊放回棺木中，然後用繩子把棺木降至在柱井下方待命的人員手中。傳完裝有木乃伊的棺木之後，他們還得依序把裝有伊比內臟的卡諾卜罐、一部分家具、裝衣服的櫃子、若干籃吃食，還有某些有高度的酒罈給往下送，其中一個小箱子裡裝著一個個叫做「夏布提」（shabtis）的小木偶。這些小木偶手上都持有各種用品，他們正是伊比在另外一個世界的傭人大軍。荷努特諾弗列特注意到被傳下柱井的物品裡沒有格外值錢的東西，而那肯定是芭克塔姆的主意。最終，裝著《死者之書》的容器被歸到了棺木的頭部。下方的工人開始從墓室撤離，並在用石頭把墓室通道關閉後爬回了柱井上方。

荷努特諾弗列特與漢蒂補發了幾聲尖叫，但這次是因為葬禮後的筵席開場，食物紛紛送上；一整天下來，這恐怕是母女倆唯一一次真心的呼喊，眼前的美食讓她們深深感動：肉類、果物與酒水排成一片。「謝了，伊比。」荷努特諾弗列特邊大快朵頤邊小聲咕噥著。這話雖然仍不免帶有些酸意，但卻是已經聽不見的伊比這幾年來得到最好的評語。

(16:00-17:00)

第17章　日間的第十一個小時

建築師檢查皇家陵墓

我獨自察看了陛下建在峭壁上的陵墓，沒有人看著我這麼做，也沒有人聽到我這麼做。

——建築師伊聶尼墓中的銘文

天氣很熱，但建築師聶斯韋還是只能沿著山徑勉力前行，就像他這幾年來每幾天就要走一遍的旅程一樣；這條路他熟到就算是睡著了都不會走錯。當然這只是一種比喻，因為這條路的邊上不遠處就是絕壁，所以在這裡夢遊無異於玩命，而絕壁向下延伸就會通往底比斯西岸的平地。站在這樣的制高點上，俯瞰的風景美不勝收：除了紀念阿蒙霍特普一世與共三代圖特摩斯法老的廟宇，還有獻給哈特謝普蘇特與法老中的老前輩——蒙圖霍特普——的巨大宗祠。聶斯韋可以辨識出若干駐廟的祭司在不同的建物當中進進出出，同時現任法老阿蒙霍特普二世的宗廟周圍也如火如荼地在大興土木。在尼羅河的彼岸，卡奈克神廟清清楚楚地映入眼簾，方尖碑在烈日中光華耀眼。

聶斯韋出這趟門，目的地是埃及土地上一個人跡罕至的神祕地點：人神合一的王者死後得以長眠的皇家墓園。埃及的近幾任法老都葬在這裡，就像阿蒙霍特普二世也在此預訂了一席之地。這個墓園處在一個偏僻的沙漠山谷裡，某種程度上與世隔絕，而如此的選址正是希望一般人不會知道埃及邊緣存在這樣的「世外桃源」。在此處隆起的一座山陵，看上去就像是個天然的金字塔，而這也讓聶斯韋想起了之前不少皇家墓園的下場。

阿蒙霍特普二世與神同行的示意圖。帝王谷的陵墓墓室裡比肩站著阿蒙霍特普與阿努比斯神。

聶斯韋北行到曼菲斯已經不止一回，而他一路上曾看到過許許多多不同材質的金字塔，有些是用石材相疊而成，也有些是用泥磚砌成。有些金字塔壯觀到即便是在數哩之外望見，你也能察覺到其光可鑑人的石灰岩表面。作為遠古法老的安息之地，這些金字塔的視覺震撼力無庸置疑。但是按照聶斯韋的內部消息，這些金字塔都有金玉其外敗絮其中之虞，因為時間證明它們並沒有太強的能力保護自己，更沒有辦法保護它們建來保護的法老嬌客。眾目睽睽之下，金字塔就像發光的沙漠燈塔在對任何稍有鴻鵠之志的盜墓者招手，所有的匪徒只要還有半點心思求取上進，都會忍不住來金字塔一遊，順便試試自己的身手。於是乎從圖特摩斯一世開始，埃及統治者的陵墓將不再大剌剌地扮演古埃及的公共裝置藝術。

在為法老尋找長眠之所的過程中，負責探路者會來到夕陽西下的死者之地，然後在這裡的沙漠峽谷中尋找能符合幾項標準的位置。適合的地點得同時滿足這幾點：位置偏遠，距離人煙有一定距離；岩層質地優異並適合興建皇陵；易於取得勞動力，且具有易守難攻的地形。這些條件正好有處獨特的峽谷一應俱全，而且還緊鄰著一座金字塔狀的山頭，為底下所有的陵墓提供了所需的象徵意義。這樣的處所，你實在很難再去雞蛋裡挑骨頭。

聶斯韋身為建築師，從阿蒙霍特普手中接下了為他在列祖列宗的遺骨之間建好陰宅的監工大任。這雖然是一份艱鉅的重任，但他並不是第一次做，前任法老的陵墓就在他的參與中順利完成。

建造陵墓是相當繁複而費時的工作，新陵墓至今蓋了已經有十個年頭。不過只要不出差錯，這裡還是可以在阿蒙霍特普殯天之前順利竣工。

通往帝王谷的路徑始於聶斯韋所居住的一個特別村落，一個在埃及絕無僅有的地頭。這個村裡住的全都是以建皇陵為主要工作的工人與匠師。包含工匠家眷在內的幾十口人，就這樣共同住在懸崖邊上。這地點距離一般人夠遠，距離陵墓工地則近到可以步行來回。但離群索居，也意謂著這個村子必須要在很大的程度上自給自足，由此他們得自己準備建築的工具，還得找齊各式各樣的日常所需，包括確保水源的供應。建築皇陵的工作相當艱辛，但工人們在當時就可以週休二日。喔對了，埃及曆的一星期不是七天，而是十天。

皇陵的工匠村，在今天有個阿拉伯文的名字叫做「德爾—麥地那」（Deir el-Medina），那是個考古學家已對其進行挖掘與研究有一百多年的地方。荒廢於新王國時期末期的德爾—麥地那位處沙漠，環境十分乾燥，所以保存了良好的原貌，而這也讓其成為了研究者心中的至寶。學者可以藉由德爾—麥地那一窺古埃及人的生活樣貌，一定要挑毛病的話就是這個村落並非一般埃及人的代表。利用在建造皇陵的過程中所磨練出的技巧，部分工匠村民也在附近建造了自己的私墓。這些民墓往往裝飾華美，而且某些墓中的內容物都還完好無缺。

聶斯韋時不時會覺得住在工匠村的生活很悶。確實，在這裡的生活空間相當侷限，而且也不是每個人之間都能彼此看得順眼。他們就跟一般人一樣會為了大小事吵架，比方說報酬與生活資源的分配就會偶爾讓他們開口互罵。因為地方不大，所以各種夫妻間的瘡疤與大小官司都不難經由「小眾傳播」而成為村裡的八卦。村子附近一兩個小時的步行半徑裡，並沒有太多地方能讓人去散散心或透透氣，惟即便如此，工匠村仍舊處於一個很好的位置，而且能進駐工匠村也是一種特權，一種對他們過人忠誠與優異技能的肯定。至少在一天的操勞之後，聶斯韋會灌輸自己這種正面的想法，就像平時他也會試著用這一套來說服他的屬下。

最終聶斯韋來到路徑上的一處低點，並在那兒發現了一些可供陵墓守衛與工人居住的小石屋。因為有涼風吹過，所以這個低點提供了一個休息的好地方。甚至如果誰忙了一天之後想讓耳根清淨，不想回村子跟大家擠在一起大眼瞪小眼，這裡很適合休息過夜。就在石屋過去一點，原本的小徑開始斜降至谷底。再往下走並繞過一個小小的山丘，你就可以看見工人出現在對面的斜坡上。

進入帝王谷後，你會見到的第一批陵墓距離谷底有一段距離，其正上方就是水道，不過那些水道要到雨季才會比較活躍。這樣的天然地貌為陵墓的建造提供了一個很好的緣起，而偶爾降雨帶來的瓦礫也有助於為完工後封死的陵墓提供額外的視覺屏蔽。就安全性而言，把陵墓建在谷底也不會是很好的決定，因為一旦山洪爆發，平坦谷底上的一切都會被摧毀殆盡。

前任的圖特摩斯三世法老將陵墓設在帝王谷中某片峭壁上的側邊高點，那是個超乎常識但也因此難以被侵入的地點。圖特摩斯三世之墓有著相當絕妙的設計。被刻入石灰岩壁的這個皇陵始於直線向下直墜的一組樓梯與廊道，而廊道的終點有一處深坑可做為工人遇到洪水意外侵入時的避難所，也可以對盜墓者產生嚇阻的作用。深坑的另一邊有門通往某類似前廳，裝飾著兩根梁柱的小房間一角。來到此處，人必須要向左急彎才能繼續前進。前廳的牆壁上裝飾著記載於名為《安篤瓦特》（*Amduat*）的書中，數以百計的生靈容貌——安篤瓦特是皇家喪葬專用的來世之書，當中古文字所描寫的是逝去的法老如何與太陽一起在驚濤駭浪中走過凶險陰間夜裡的十二個鐘頭，然後再與太陽一起在地平線重獲新生。

另外一組階梯向下通往墓室，而墓室裡有兩根柱子與四間儲存室。墓室本身非常有看頭，其橢圓形狀代表著一圈象形繭，而象形繭在埃及具有永恆的含意：就像一條繩子繫成一個永無止盡的迴圈。靠近墓室後方有法老本人的石棺。用一整塊黃色石英石製成的法老石棺附有蓋子，而棺蓋本身也貌似象形繭。墓室的牆壁裝飾有隨機挑選出的《安篤瓦特》段落內容，至於墓室的天花板則被畫成夜空。整個陵墓都令人驚豔，畢竟其設計有別處都看不到的獨特創見。心嚮往之的阿蒙霍特普也想比照辦理。

到了新王國時期的尾聲，皇家墓園裡大多數的陵墓都已經被掠奪一空，帝王谷也因此遭到廢棄。不久之後，一隊祭司逐一檢視了谷內的皇陵，並把遭到蹂躪的木乃伊加以收集後重新包裹，儲存在兩處祕密的庫房當中，以避免先王的遺體受到匪徒的二次傷害。阿蒙霍特普二世的陵墓就是其中一處祕密庫房，所以除了阿蒙霍特普二世這個主人之外，那座陵墓內還擠進了十六具來作客的木乃伊。

聶斯韋走近了工人們，當中不少都正忙著把一籃籃的石灰岩破片從地底的工地拖出來。一看到聶斯韋，他們便突然加快動作到誇張的狀態，免得被監工的聶斯韋認定他們在偷懶。有個人跑下了陵墓內部去叫工頭古阿上來，幾分鐘後，一身灰的古阿從樓梯下方探出頭來，同時還不住地咳嗽。這一對監工與工頭熱情地相互打了招呼，然後聶斯韋一邊把莎草紙卷從背上的包包中取出攤開，顯露出陵墓的建築設計圖，一邊問起了工程的進度。紙上的圖形看起來跟圖特摩斯三世的陵墓設計大同小異，只不過外型線條比較直而銳利，同時墓室的牆壁與六根柱子也比較挺。古阿指了指最後一組階梯說：「我們建到這裡，沒多久我們就會開始給墓室組裝側柱。之後就看我們的王活得夠不夠長，有沒有命親眼看到最後的成品了。」聶斯韋深感同意。

帝王谷作為皇家墓園的任務，延續了大半個新王國時期，前後大概五世紀。新王國時期的幾乎每一個統治者都對應了一個已知的陵墓，只有兩名法老還沒有被發現或確認出來，他們分別是圖特摩斯二世與拉美西斯十世。這兩個法老也可能被放在已知的陵墓中，但因為什麼蛛絲馬跡都沒有找到，所以也不能排除他們的墓地還沒有出土的可能性。穿插在一座座宏偉皇陵之間，也見得著數十個中小型的陽春陵墓供皇親國戚或特殊階級享用，當中包括阿蒙涅莫佩特，也就是阿蒙霍特普二世的宰相。

古阿手邊也有一份陵墓的設計圖被小心翼翼地描繪在一大片石灰岩板上面，而聶斯韋知道古阿將之擱在墓室裡頭，時不時就會跑到圖旁邊來參考比對。古阿負責監管兩組雕刻工匠，分別負責左右兩側的走廊或裝飾。每當有新的一段廊道開工，現場就會挖掘出一條隧道，中央用墨水劃出一條直線，然後兩組工匠就會反向各自開工，藉此創造出左右對稱的面貌。這麼做的難度並不高，但就是專注力不能片刻跑掉。

「你要自己看一下嗎？」古阿問道。雖然聶斯韋身為監工，但他真的很不喜歡下到興建中的陵墓工地中，因為裡頭的空氣非常糟，揚塵多到讓人不知如何是好，而且微粒造成的霧霾也讓能見度受限。他偏好的視察辦法是非常早到，趁底下還沒有被弄得亂糟糟，或是等工人休假的那兩天再過來瞧瞧。

「免了，下回吧。倒是你有缺什麼東西嗎？」建築師反問道，即便嚴格說起來，提供補給並非他的職責所在。

今天的帝王谷——通往阿蒙霍特普二世陵墓的入口。

他看見古阿思索了一下。「有了，我們很快就會需要補充燈芯跟燈油，燈本身也可能需要添個幾盞。還有弟兄們需要多點水跟一些亞麻布來洗滌擦身。喔對了，還有啤酒也不太夠。」

「還有嗎？」聶斯韋問。

「有，他們需要新的鑿子跟木槌，」古阿指向一大籃彎掉跟鈍了的銅製工具，還有一塊塊破掉的木頭。

「還有嗎？」

「守衛跟我說這裡的伙食不合他們的胃口，而且量也吃不太飽。」

「還有嗎？」

「有。那個我們需要替換兩頭新的驢子。現在那兩頭太難搞了，尤其夜裡有夠吵。」

問到此處，聶斯韋決定先暫時打住。他把甩在背上的小袋子取下來，從中取出了書記用具。在用點水在調色盤上攪拌好墨汁之後，他撿起了一小片石灰岩，做起了筆記。「燈、燈芯、油、鑿子、木槌，啤酒、好吃的食物。好，我會搞定這些。」他一邊答應著古阿，一邊打包行李準備朝返程出發。「我過幾天回來。」

越過山谷，走在了返回村中的小徑上，他依稀能聽到古阿的叫聲劃開空氣，迴盪在谷裡：「別忘了我說那兩隻驢子得換！」

古埃及學家在研究工作上的一大線索來源，就是有數以百計的陶片——被古埃及人用作為便條紙的陶器破片或石頭碎片——出土於工匠村跟帝王谷。陶片上的書寫不僅讓學者得以一窺當時村內生活的方方面面，還透露了與建皇陵時會講究的種種細節。

(17:00-18:00)

第18章　日間的第十二個小時

木匠完成了一具棺材

時間來到白天的第十二個小時，內布賽尼跟他的助手們又完成了一方棺材，並將成品放進工坊裡有屋頂的區域裡，置於另外的半打棺材之間。出於某種緣由，這幾個月橫死的有錢人很多，因此相關產業的工匠都得加緊幹活。這當中溺死的有一個，被人謀害的有一個，還有好幾個人染上了醫生束手無策的怪病。然後就是從牆上掉下來，摔死了好幾天才被人發現的伊比。內布賽尼身為已經出師的木匠，這天上午才剛在氣派的別墅家中把伊比的棺木交貨給他的遺孀。兩個月前，她突然出現在內布賽尼的工坊，要為她屍骨未寒的丈夫訂購一方埃及人稱為「生命之箱」的棺材。內布賽尼從防腐師傅那兒得到的情報是她專挑最劣等的東西給死了沒幾天的先夫使用。

面對她的這種要求，內布賽尼的回應是自己不做劣質的產品。內布賽尼說他對所有作品都很得意，頂多就是在價格上有不同的級距，素雅的陽春棺木少有裝飾，自然比較便宜，而要是花得起錢，他可以把棺木的臉蛋、手部通通鍍金，內襯的石材也可以鑲嵌得非常美麗。不意外地，芭克塔姆說東西愈便宜愈好。「便宜的棺材才配得上這個小氣鬼。」她想抓著這一點來討價還價，但效果不佳。

「我可以算妳便宜一點，但品質不會差。並且我會準時把東西宅配到府上。」木匠毫不退讓。

要解決這個問題並不困難。伊比會得到一個回收的棺材，因為原本下訂的家族在完工後拒絕買單。有了現成的棺木，事情就簡單了。內布賽尼只要把提到另一名死者姓名的那幾行文字用顏料蓋掉就好了。

內布賽尼在棺材製造業界有著累積出的好口碑，而他今天也很專心地希望多完成幾個案子，好讓排定的葬禮可以順利進行。除了棺木，他也很出名地擅長製作結構牢靠而設計精美的高檔家具供負擔得起的人家使用，陰宅或陽宅版本都有。他並不過分貪財，但身為自我要求甚高的達人級木匠，他選用的原材料一定得品質極佳。但麻煩的是，埃及本身並沒有茂密的森林可供應木材，即便有林地，裡頭的樹木也多半歪七扭八而骨感細瘦，基本上不太容易從中裁鋸出需要的木板。埃及有為數不少的相思樹、紅荊、無花果樹。用是可以用，但都不是製作高檔家具的首選。真正需要上好的材料，得靠進口。

最好的來源距離埃及有點遠，但跑這一趟的辛苦絕對值得。夾在大綠（地中海）東岸與朱拜勒（Byblos；今黎巴嫩）之間的內陸土地上，生長著廣大的雪松木與各種針葉木叢，而這些樹種都可以擔綱高檔家具的理想材料。由帶著斧頭、磨刀用品跟繩子的組員乘船來到這塊土地上，進行以伐木為目的的探險，歷時已經有上千年，樹被砍倒後，細枝會被削下來裁剪保存，而主幹則會被拖曳到碼頭邊。某些無法鋸短或處理成塊狀的樹幹會由船拖在海面上前進，等回到埃及後再設法處理。

一九五四年，在吉薩大金字塔的底部意外地發現一個密封住的大坑。開啟之後，發現有保存完好的古船被拆成零件，材質是進口的雪松木，且年代可上溯至約西元前兩千六百年的胡夫法老。這艘古船會被埋在此處，有兩種可能，一種是作為陪葬品的一部分，另一種是胡夫法老的遺體沿尼羅河而下運抵埋葬處，用的就是這艘船。這艘船總長四十三點四公尺，船內有一船艙跟一定長度的船槳，另外用以固定甲板的繩子也完好留存至今。相關人員花了好幾年，才將這艘船拼回原貌，並將之展示於直接蓋在開挖原址上的博物館內。事實上鄰近的另外一個坑裡也發現了船隻，但保存狀況差很多，主要是坑洞的缺口讓氣候對船隻造成破壞。

內布賽尼曾經在船塢中工作過，並在那兒學習到了如何裁切出適當形狀的木板來組裝船身。因為終日與大小與形狀不一的木材為伍，他慢慢摸索出了鑽鋸木頭的上乘功夫——另外他結繩的本事也很令人嘆服。這些磨練在日後都派上了用場，主要是他離開船塢後加入了叔叔開設的木匠店鋪，而他也在此進一步習得了製作家具與棺木的十八般武藝。叔叔死了之後，內布賽尼繼承店面，成為新的老闆，底下十二個經驗值各異的木匠成了他的員工。這家店面或者說是工坊，有著一處空間寬敞而四面有牆的天井，而那也正是多數產品誕生的主戰場。另外一處有遮蔽的區域則隔成了幾個房間，分別用來儲存工具與成品。

一個案子接進來，首先要跑的程序就是從原料庫存中選材。第一流的材料除了板材尺寸硬是大上一號，而且聞起來香氣四溢的進口雪松以外，就是黑檀木了。黑檀木來自於遙遠南方的異地，而它值錢的點就在於黑檀木夠黑夠硬，所以耐用程度超群。雪松與黑檀以外，就都是埃及見怪不怪的普通木材了。天井的角落堆著一落落其他案子剩下的零碎木材，還有樹種不一的裁切圓木段。天井的中心是裁切的工作區，圓木段會在此被立起來削成堅實的木柱。另外藉由鋸子的使用，木匠也有辦法由上而下切割出適用的木板。

內布賽尼與他手下的木匠都是眼光獨到，適材適用的高手，他們可以信手拈來讓合適的木頭變身成一副副棺木與各式各樣的木工家具。兩塊其貌不揚，奇形怪狀的木頭，一樣可以由手拿錛與鑿子的匠人用巧手修成「無縫接軌」的天作之合。大小不一的錛是把金屬刀刃用皮綁在木製握把上組成，就像一把刀刃與握把呈九十度垂直的斧頭，也有點像小一點的鋤頭。大支的錛可以用來進行大致的砍劈，小支的錛則可負責較細緻的塑形。不論大小支的錛，都需要定期磨利，這一點與鑿子無異。藉由榫頭與卯眼、燕尾榫、硬質木釘的配合，對應的木頭零件可以結合在一起。含連接處在內

正在修整木材的埃及匠人。

的表面則可以拿砂岩岩塊用手工磨平，創造出平滑的一體感。木頭本身要是看得到不規則處或汙點，解法是在出問題處覆上厚薄不一的石膏，功夫好的師傅可以把石膏上得極具美感。

箱子、床與椅子，是店家最常收到訂單的木頭家具。長方形的箱子相對好做，惟黑檀與雪松的材質組合會比較吃木匠的功夫。客人要是指名要鑲嵌花紋，那裝飾的設計與執行就會多耗點時間，尤其如果其材料選用河馬牙齒或進口象牙。箱蓋的種類也是五花八門，有的上頭一片平坦，有的則會隆起做成屋頂或有曲線的效果。多數箱蓋都會起碼有一個有如香菇頭的握把放在頂端，外加有的箱子會在前方多加一個握把，以方便箱子用繩結與蓋印的陶土封存。

椅子的製作會稍微複雜一點，客製化的選項比較多。內布賽尼一定會徵詢客人的事項包括椅子是給誰坐的，他或她的身形大小如何。椅子要是給小孩子坐的，那你做太大就是浪費；若椅子要送進胖子的家中服役，那你就不能將之設計得太纖細。就跟其他類別的工藝品一樣，古埃及的椅子也是形形色色。椅子本身可以樸素也可以講究，材質部分可以是實心木頭也可以是編織的蘆葦。裝飾的可能性無窮無盡，包括最流行的把椅腳做成動物造型，通常是公牛或獅子的腳。

內布賽尼店裡的匠人都清楚一件事情，那就是自己相對於其他平民百姓享有一些福利，主要是工薪階級的埃及人鮮少擁有自己的家具，他們睡覺時躺的多半都是墊子或薄薄的草蓆。至於坐這件事，他們要麼用蹲代替，要麼一屁股席地而坐。相對於此，內布賽尼的員工可以坐在矮凳上，還算舒服且有效率地進行自己大部分的工作。要是能剩下一些廢料，加上時間稍有餘裕，身為老闆的內布賽尼會容許工匠做些自家要使用的東西。所以選一個木匠當老公，在古埃及真的是很不錯的選項！

在內布賽尼看來，床也是一種奢侈的存在。埃及的床就像張被拉長了的四腳椅，差別只在於上頭能躺人。典型的埃及床都離地很近，但已足以達成其隔離堅硬地面與夜行性害蟲的目的，以免那些動物半夜從睡覺的人身上爬過。

雖然內布賽尼最喜歡做的東西是活人用的居家家具，但喪葬用品已愈來愈成為業績主力，很多他常規的產品，包括擺在陰宅裡的椅子與床，都是專門為葬儀設計，這對許多不想把用慣的家具給拿去陪葬之遺族，是一大福音，同時也為內布賽尼創造出新的商機。自己的作品被用在哪裡，大師級的木匠一點也不在意；總之不論服務什麼樣的客戶，包括像伊比的遺孀這種只求有不求好的案主，他都不會拿爛東西去充數。

比較起箱子、椅子跟床，棺材會需要多費點心。盛裝遺體非同小可，畢竟木乃伊保護不好，一個不小心就會讓逝者變成孤魂野鬼。另外裝飾在棺木表面的守護男神與女神也都非常重要，不能亂開玩笑。

從裁切木片到組裝完成的棺木製造流程。

但凡工坊裡的任何事情牽涉到棺木，內布賽尼都期待大家保持嚴肅，由此死者不論美醜或生前風評是壞是好，他都不希望員工們開些不得體的玩笑。但今天死的是伊比，所以員工們一個個都忍得很艱辛。

「我見過伊比，」一名年輕的木匠廣播說，「他長得跟棺蓋上的畫像一點也不像！」

「我也見過伊比！」年輕木匠的同事呼應著。「除非切成兩半，不然他絕對塞不進那副棺材！」

「夠了！對死者放尊重一點好嗎！」內布賽尼好心地說，雖然他也知道年輕人說得沒有錯。伊比的太太盡可以要求給她的死鬼老公用最便宜的棺木，但要傷腦筋該怎麼把人塞進去的則是防腐師傅。

在開始工作之前，木匠必須先對木乃伊成品的尺寸有個概念，而真正摸過遺體的防腐師父就是匠人在這個問題上的第一手線索來源。適當大小與品質的木板必須先挑選出來，若找不到現成的庫存就得特製。無花果樹的木頭算是古埃及的國民材料，而雪松木則可以用來滿足高檔需求。不同於過往的年代，相對陽春的長方形木箱已經不再是眾人的心之所向，大家現在流行的是模仿人體曲線，看得出頭部、肩部，腳的地方還會內縮的棺木。不論本人的顏值高低，木匠會用棺木呈現出死者經過理想化的外型，以方便他們在前往來生的旅程中能夠開開心心。

古埃及某些已知最早的宗教性文書，銘刻在舊王國時期（西元前兩千七百年到兩千兩百年左右）晚期的金字塔牆上。這些極其晦澀的文字裡描寫著與國王升天有關的儀典、頌歌、保護咒語還有過程，所以都是半人半神的法老專屬。而到了舊王國時期的尾聲，這樣的榮典也延伸到了王后的身上。在中王國時期，這種「金字塔文書」的不同版本被漆在平民菁英中的棺木內壁上，由此古埃及學者便很合理的將之命名為「棺木文書」。這個時期的某些棺木會為死者漆上精美的祭品示意圖。這些文書與繪畫合起來，便能讓長方形的棺木變身為一座具體而微的小陵墓。不過即便如此，這些棺木最後還是會按計畫置於陵墓之中。

雖然木乃伊化的過程提供了七十天左右的時間，但這類麻煩的棺材依舊需要趕工。因為肩膀部分具有弧度，加上頭的部分需要加上王冠造型，因此不論是棺木的箱體本身或是上方的蓋子，都需要大量的加工。內布賽尼的員工自然能夠勝任這項工作，但就是時間得花上許多。要讓箱體與箱蓋能毫釐不差地對應，是非常吃專注力的工序。箱蓋上會有包含面容與雙手在內，栩栩如生的死者肖像，而這些部分都得獨力進行雕刻，再把成品安裝在棺木箱蓋上，而且最後還得塗抹上薄薄一層石膏來作為繪畫或鍍金的基底。當時蔚為風潮的做法還包括讓棺木的其餘部分裹在一種黑色樹脂中。另外箱蓋的中央與箱體的側邊也會漆上喪葬文書的字句，外加保護用的咒語。

在羅馬統治埃及時期，也就是進入西元之後的幾百年當中，不少木乃伊都附上了死者的肖像。這些畫在木板上的人像會直接安在以亞麻布裹好的遺體頭上，而這也讓現代人得以破天荒一睹當時人類的實際長相。

沒錯，對於內布賽尼來說，生活就是一口棺木接著一口棺木地做。而且平日即便時間來到了多數工人會開始想著要收工的時分，內布賽尼也沒打算把店門關上。一般來講這個時候，他會派助手去堆放木頭的地方，然後按他寫成清單的名字、木種與大小來選材。但今天他給大家一個驚喜。「回家吧，去享受天倫之樂吧，」他說，「我們明天早點開始忙就是了。」

這就是為什麼內布賽尼在員工之間還頗有人望。他知道沒有人喜歡血汗的慣老闆，所以也會盡量不要讓替他打拚的工人們累垮。畢竟只要埃及還繼續有人需要朝著來生過往，內布賽尼就會繼續需要這一批優秀的工匠幫忙。

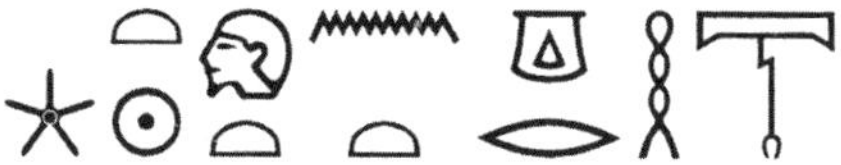

(18:00-19:00)

第19章 夜間的第一個小時

製磚工人伊澤內心的怒火終於爆炸。他抓起一大把混著稻草的泥巴，往監官馬吉爾的背後砸過去，在馬吉爾的短裙屁股上開了花。

製磚工人在泥裡打滾

身為監官的馬吉爾走向二十名渾身髒兮兮地在泥巴坑裡辛苦勞動的男性。「你們這群慢吞吞的懶鬼！」他厲聲斥責著。「工作沒做完別想離開！」伊澤跟傑默這對好友對馬吉爾只有兩種感覺——討厭跟更多的討厭——就跟在這製磚泥坑中打滾的其他人一樣。但事實上，伊澤、傑默、馬吉爾從小一起在遙遠東方的沙馬許—伊東長大，而家鄉的生活一直都很愜意，直到埃及大軍以征服者的姿態跑來把他們踩在腳底。在當時，伊澤是名成功的商人，傑默從事葡萄酒的進口，而馬吉爾則是給一名皮匠當製鞋的助理。三人對自己的人生都還算滿意。

阿蒙霍特普要重返他們國境的消息傳來，讓所有人內心充滿了恐懼。埃及國王的父親圖特摩斯曾經三番兩次來到這裡，如果不想家破人亡就得起碼在表面上配合當個順民。當個順民的意思就是上好的特產得任對方予取予求，但這也是沒辦法的事情，畢竟後來的造反也都一敗塗地。沙馬許—伊東的百姓是真的已經忍無可忍，於是他們告訴自己說圖特摩斯的兒子肯定守不住他老爸的功績。只可惜他們錯了，沙馬許—伊東又再一次受到重擊，而這一次他們被奪走了所有的財富累積、外加婦孺與壯丁也被虜走了好幾百名。

長長的西行車隊肯定在埃及人眼裡非常壯觀，伊澤當時想著，因為那當中夾雜眾多被當成戰利品的牛隻、馬匹與成為埃及手下敗將的敘利亞人。會知道當中有敘利亞人，是因為蓄鬍的他們穿著充滿異國情調的服飾，在埃及征服者中非常顯眼。朝著埃及前進的行軍過程非常艱辛，畢竟埃及部隊並不怎麼在意俘虜的死活。埃及人總是自己先吃飽了，補足能夠追逐並殘殺逃犯的精力。惟整趟路走下來就算沒死，心理上也飽受羞辱，因為驢子背上沉甸甸的盡是原本屬於伊澤的財產，而在旅途終點等待著的是敵人的家園與未知的局面。

對於伊澤來說的一個壞消息，是埃及對泥磚的需求永無止境。埃及每年生產的泥磚多達數百萬塊，有的拿去蓋庶民工人的陽春居家，有的拿去蓋菁英階層的華美別墅，更有的用來興建統治者的宮殿或諸神的廟寺。再者就是埃及需要為數眾多的庫房與一堵堵的城牆。雖說泥磚的基本組成，不過就是泥巴與沙子混入稻草，但這些磚頭卻有著非常多變的應用，而且可以視需求以木頭模具做成一致的大小。埃及人不擔心泥磚的原料會用罄，因為尼羅河裡有無盡的泥水，而埃及的農田只要存在一天，作為黏合劑之用的稻草就不至於稀缺。更別說原料混合成形之後，剩下的工作都可以交給太陽。除卻前述廣泛的工程用途，泥磚還有替建築物隔熱（或隔冷），以達到室內能在某種程度上冬暖夏涼的功能。

不令人意外地，伊澤難過地發現製磚在埃及是屬於粗活中的粗活。在泥巴中摻入稻草的工作有著驚人的重複性，精神上相當麻痺，但生理上卻又非常折磨肉體。而且除了混合草泥以外，他們還得不間斷地搬運稻草並確保水源供應，否則泥巴就會變硬或是太稀。總之不論是哪一個環節，都完全談不上有趣。雖說搬運稻草可以仰賴驢，但把草採集來切好、綁好，放到驢背上等程序，仍得一天幾十回地由人去辛苦執行。另外像添加水分，也是一件非常磨人的事情，所以萬一製磚的地點沒有緊鄰水源，工人們可就倒了大楣。其實即便水源就在旁邊，工人裡比較孔武有力者還是得扛著大甕在兩邊來回。水被從肩頭上倒進泥坑裡後，其他人就會用鋤頭死命地將泥漿攪和均勻。

泥磚本身是把混合好的泥漿填入長方形

渾身都是泥！製磚工人的日常。

的模具中製成，而模具的大小根據建案的性質不同會有尺寸上的差別。收尾的時候，工人會用濕潤的手抹過填入泥漿的模具上方，然後模具就可以被由下而上抽起，留下分毫不差的半成品。新的泥磚會被一排排置於埃及的豔陽下曝曬數日後翻面，以確保磚頭兩邊的硬度沒有差別。乾燥完成後，另一批可憐人會負責收集這些泥磚，然後從早到晚，日復一日地將一塊塊厚重的磚頭往工地送去。當然可憐的除了人，還有我們的老朋友驢。牠們的肩膀會被放上一根軛，然後負重會在軛的兩側取得平衡。依照上頭的命令，泥磚可能被砌成一堵單純的牆壁，也可能與用泥與沙混成的灰泥黏成一氣，化身為十足講究的特殊造型。

這些太陽曬成的泥磚單獨看起來或許非常不起眼，但要是沒有了它們，埃及就不會矗立著那麼多雄偉的建築物，包括法老等人所居住的皇宮。泥磚上頭可以刷上石膏或顏料，就像素顏變成妝容一樣獲得美貌。

初來乍到時，伊澤還能跟傑默、馬吉爾三人不被拆散。他們一起被送到底比斯，也馬上被發配到製磚的差事，成為基層埃及監官的虐待對象。日子一天天過去，他們哥仨常常聊起在故鄉沙馬許—伊東生活的往日時光，思念著那些從被抓來埃及就沒再見過面的親人故舊，也不知道他們後來是被如何發落。逃回家是一種不切實際的想法，因為外國人在埃及有著非常突出的長相，語言差異也很大，更別說重重阻礙一個比一個困難。比起這些，他們偶爾的真心話是埃及的天氣算是宜人，食物也不算太差，更別說不用像在老家那樣擔心害怕遇上乾旱或外敵入侵。當然，三人都同意製磚是一份很爛的差事，宿舍住起來也完全談不上舒適。

伊澤就跟多數不幸得從事這份工作的人一樣，都得跟大夥一起住在某間小屋的地板上，那是他們每天操勞完畢，拖著疲憊身體能回歸的唯一去處。他日常的麵包與啤酒配給足以維持他的活力，偶爾還可以多出幾條或幾甕讓他可以拿去交換其他商品。他基本上沒有個人的物品，因為稍微有價值的東西都已經在沙馬許—伊東的時候就被沒收充公。衣服也不是什麼太大的問題，因為很多工人都選擇穿著簡單的兜襠布，這樣遇到要進泥坑的時候就可以說脫就脫。

古埃及大部分的建築都是以泥磚作為最小單位，由此它們往往熬不過漫長的歲月。

泥磚原本就會隨著時間過去而遭到侵蝕解體，更別說它們也不防水。所以說一年一度的尼羅河氾濫，就是一場「泥磚界」的災難。這也難怪今天還能看到的埃及古蹟，都是用石材建成的陵墓或廟宇。惟只看到這兩種東西，可能會讓我們誤以為古埃及人只對死亡跟宗教有興趣，感覺上非常不腳踏實地，但這可能是泥磚製成的生活場域太不牢固，所衍生出的另類「倖存者謬誤」。

惟在過去兩個月當中，馬吉爾似乎已經把他原本摯愛的家鄉拋諸腦後。利用他愈來愈上手的逢迎拍馬，馬吉爾被拔擢為一小群十五個人的監工。他如今對弟兄們頤指氣使的模樣，就好像他是工程監官本人一樣。但伊澤心想馬吉爾應該也知道若歸他管的這十五個人沒能生產出需要的磚塊數量，自己會面臨什麼後果——他多半會被貶回泥坑當中。「動作快，一群懶鬼！老子肚子餓得在叫了，而且你們的臉我也看飽了！」短裙被泥巴沾汙的他一邊走來走去，一邊發號施令。

這話讓伊澤聽了覺得既噁心，又有趣；噁心，是因為他曾經的好友馬吉爾竟然會這樣對待他跟傑默。有趣，是因為他算是見識到了什麼叫做判若兩人。馬吉爾現在很堅持別人要叫他新取的埃及名字帕內博，而且偶爾還會假裝自己聽不到製磚工人們說的家鄉話。他想要假扮埃及人的舉動讓人看不下去，但這並不代表沒有外地人可以徹底融入埃及社會。事實上很多外來人口都得到了埃及社會的接納，也得以在生活水準與社經地位上成功往上爬。土生土長的埃及人並不會只憑膚色或出身就看不起外來移民：他們只會覺得在文化上，所有外族都比他們矮一截。

這一天，一名位高權重的工程監官正好來磚場巡視，他名叫烏瑟黑特。所有的工人都被告知了有長官要蒞臨，所以工作一定要比平日更加積極賣力。伊澤注意到馬吉爾在烏瑟黑特帶著隨從接近來視察生產時，緊張得汗如雨下。「辛苦了，監官大人。」馬吉爾諂媚地用明顯而濃重的外國口音說著，手裡的木棍夾在他的腋下。「我是帕內博，向您報告一個好消息是在我的監督之下，弟兄們每天都有達到生產的配額。」

「帕內博？」烏瑟黑特揚起了眉毛，不可思議地問道。傑默與伊澤很辛苦地在忍笑。「那麼帕內博，產量目標達到了，我們就要注意品質夠不夠好。這些磚頭可是要拿去擴建阿蒙霍特普陛下的宮殿。」烏瑟黑特說。

「您說得是。監官大人。我知道，所以我都會逼著那些亞細亞死鬼要不只把工作做完，還得做到高標，必要的時候我會用重罰讓他們害怕。」

「很好，」烏瑟黑特回應，「很好！」工程監官帶著滿意的微笑前往下一群工人處。「做得很好，帕內博。」

眾人一確定烏瑟黑特走遠了聽不見後，咒罵聲就毫無意外地此起彼落。「喔，帕內博！饒了我們這些亞細亞死鬼吧！」

「帕內博？這名字在埃及文裡不是『損友』的意思嗎？」

「我們比較喜歡還叫馬吉爾時的那個你！」

「以一個埃及人來說，你還滿有語言天分的，竟然能把我們這些亞細亞死鬼的家鄉話說得這麼溜？你不去當書記，不會有點可惜嗎？」

「二十年親如家人的朋友，五年的同事，兩個禮拜就可以形同陌路。」伊澤狠狠補了最後一槍。

不過這話馬吉爾可聽不下去。「隨便你怎麼講。我很快就會高升去管一百個人了，而你們大概就只能做磚頭做到死吧。」語畢這名監工便掉頭走人，跑到了一旁的磚製凳子上一屁股坐下。

千百年來，乃至於一直到現代，腐朽破敗的古代泥磚城牆與建物都一直是埃及務農者唾手可得的肥料。這種如今已經遭禁的做法，讓原本已經很缺材料來研究古埃及日常生活的考古學者，更加捉襟見肘。所幸在這種拿泥磚當肥料的陋習糟蹋了考古的證據之餘，出土在埃及古鎮中的垃圾堆裡倒是找到為數不少的廢棄莎草紙文件，讓希臘、羅馬時代與更久之前的埃及日常呈現在現代人面前。

伊澤內心的怒火終於爆炸。他抓起一大把混著稻草的泥巴，往馬吉爾的背後砸過去，在馬吉爾的短裙屁股上炸開了花。怒氣沖沖地轉過身來的馬吉爾問是誰幹的好事，但其實他心裡也大概有數。「我看就是你們兩個其中一個吧。」他對著伊澤與傑默咆哮。伊傑兩人都默不作聲。「你們兩個，看著我說話。」馬吉爾喝斥著。

伊澤與傑默依令轉身，做好了脛骨上要狠狠挨上一棍的心理準備。但實際上他們是背上被用力推了一下，然後人就像跳水一樣栽進了泥巴裡頭。變成兩個泥人的伊澤與傑默只剩下身高的區別。好幾個圍觀的工人噗哧笑了出來，直到馬吉爾撂了這麼一句：「很好笑是不是？也想跟他們一樣變成泥人是不是？今天沒達到額度誰也別想回家，聽懂了嗎？我們大家就一起在這耗。」這種話工人們不是第一次聽到，而他們爽的是工人走不了，馬吉爾也別想離開。

伊澤舉起一塊剛塑好形狀的新鮮泥磚，準備朝著馬吉爾發射，但他還沒來得及展現臂力，泥磚就在他的手中瓦解，畢竟還沒有曝曬過的泥磚沒有硬度可言。一切都感覺是如此地徒勞無功，但只要再撐幾個小時，製磚的工作就會結束在由火炬照亮的黑夜中。到時候伊澤就可以去到河畔沐浴，從頭頂到腳底洗淨被乾硬泥巴包住的身體。曾經面目全非的他，將在下一次輪班開始時神清氣爽。

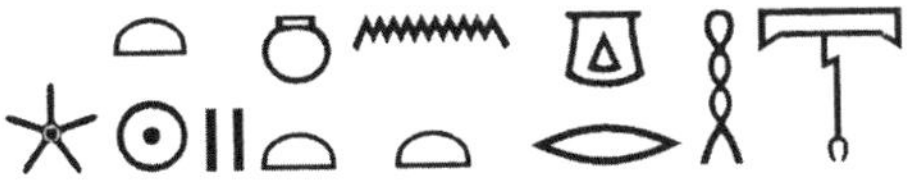

(19:00-20:00)

第20章　夜間的第二個小時

家中女主人準備派對

只要有錢的你立了業，也成了家，那就對太太好一點吧，什麼叫做公平你應該懂吧？讓她吃好穿好……讓她在你有生之年都開懷無煩惱。

——《普塔霍特普的格言》

太陽眼看著就要落下，而雖然事情看起來已經大致就緒，但娜芙蕾特仍然緊張得一顆心懸在那兒。她的繼子即將大婚，而相關的慶祝活動花錢又花精神。身為烏瑟黑特這名朝廷高官的妻室，一切當然都要用最好的，而且他們的別墅當晚也將冠蓋雲集。烤鴨與牛肉這樣的大菜都得端得出來，而搭配佳餚的國產暨進口美酒也要能讓賓客喝個痛快。不過說到最令人擔心的變數，還得算是烏瑟黑特本身，因為多年下來，烏瑟黑特已經是個被寵壞的弱雞，動不動就不勝酒力。開心的氣氛裡幾杯黃湯下肚，加上身邊舞群裡美女如雲，他就會酒後亂性，然後莫名其妙跟人起衝突，可怕的是在今晚預定的慶祝活動裡，酒跟色這兩樣東西都只會多，不會少。

五年前出嫁的娜芙蕾特是烏瑟黑特的第二任妻子，而第一任妻子只給烏瑟黑特生了一個兒子，然後就在生第二胎的時候難產而死。烏瑟黑特年紀已經四十好幾，而娜芙蕾特卻才二十出頭，兩人已經育有兩個孩子。娜芙蕾特的父親是個知名的書記，而她也正是在父親的慫恿與介紹下，才嫁給了父執輩的烏瑟黑特。父親的意思是雖然烏瑟黑特有他的缺點，但能把女兒嫁給這個位高權重的朋友，他們家族的人脈就能更上一層樓。雖說烏瑟黑特已經有了個兒子，但他依舊希望在續絃的時候找個忠誠、大度，並且一定要能生育的女人。

除非你是皇親國戚，否則多數古埃及人的婚姻都是一夫一妻，亂倫的結合也並不常見。男人一生可以有好幾次春天，但通常都是一段結束之後才接著下一段，不會同一時間三妻四妾。如果是跟有血緣關係的人結婚，也會以避開兄弟姊妹，也就是把表堂兄弟姊妹設為婚配的底線。習慣管自己的老婆叫「妹」並非基因上的事實描述，而只是表示親切。不過場景搬到皇宮裡，那又是另外一回事情，因為法老身邊會有一名主要的王后，外加若干名次等的妻室，然後是經由政治聯姻娶來的外國太太，最後還有一個妾的存在。（同父異母間的）兄弟姊妹或甚至父親與女兒間的皇家婚姻關係偶爾出現，背後想法是肥水不落外人田。

結婚這檔事按照古埃及習慣的做法，就只是小倆口說了算。一般來說，新婚妻子會帶著私人財產搬去與丈夫同住，藉此建立新的家庭。以娜芙蕾特為例，她除了把一些所費不貲的家具帶到新家以外，名下還有幾筆非常肥沃的土地交由佃農契作來換取一部分的收穫。這些田產，加上烏瑟黑特婚前的資產，讓這對夫婦手頭相當闊綽，而這也反映在了他們的住居與生活方式上。

集結在《普塔霍特普的格言》裡之建言，讓人看著像是菁英階級的老父親在對兒子分享生活的禮節與智慧。書裡頭談到了責任感、領袖風範，還有與不同身分地位的人互動該抱持何種心態。其中涉及女性的幾則言論相當耐人尋味，包括以下這一番跟妻子的相處之道：「與其對她興師問罪，不如讓她遠離權力。要控制好她，因為她的眼色既快且利。盯好了她，她便長久不會有不安於室的問題。太過嚴厲，她會掉下淚滴；她盡好作妻子的義務讓你滿意，而同樣有慾望的她也會要求你讓她稱心如意。」

烏瑟黑特與娜芙蕾特住在一個美輪美奐的別墅裡，四周是為其圍出一個私人空間的牆垣。進到別墅的前門，首先映入眼簾的會是一方美麗的池子，由有人精心照顧的樹叢與植物環繞。住房本身之氣派不在話下，裡頭隔出了好幾個寬敞的房間可供人在裡頭消遣娛樂，幾個小一點的則適於休憩與儲存。用以支撐天花板的是賞心悅目的梁柱，窗戶高高位於牆上，可以在白晝提供採光。好幾張結構十分講求美感的椅子散落於幾個角落，有錢人家才會有的兩三張桌子則讓客人一看就明白這一家絕非泛泛之輩。娜芙蕾特知道烏瑟黑特非常想營造出法老底比斯王宮等比縮小的感受，因為那是他曾好幾次走訪過而喜歡的地方。

屋外的院落上有好幾處相鄰的建物，包括其中一個是他們製作麵包與啤酒的地方，還有好幾個供他們製備其他食物的空間。此外他們有一個大穀倉，還有專門的房間用來儲藏啤酒與葡萄酒。他們夫婦倆的其中一塊田產就位於院子的正後方，因此新鮮的蔬菜隨手可得。一小群牛被放養在不遠處，其中就在今天稍早，一頭母牛的大限已到，現正在準備被烤成佳餚。若干名僕役在室外忙碌著各自的工作，但同時間室內的傭人也沒閒著，主要是好生在伺候著女主人。娜芙蕾特從頭到腳的貼身事務，都不用自己來，這包括沐浴與梳妝著衣，還有把食物端上桌等事情。娜芙蕾特傾向於讓年長的女性在家中管事，因為自己嫁的是個什麼樣風評的老公，她不會沒有耳聞。

僕人們在照顧娜芙蕾特兩個女兒的大小事情上，幫了很大的忙，畢竟兩名千金一個才兩歲，另一個也不過四歲，由此她的小女兒是由乳母照養，而大女兒則成天與娃娃與寵物貓形影不離。她們比同齡的孩子都幸運，因為即便是這麼小的年紀，工薪家庭的子女就都已經在家中、田裡或工廠內幫忙父母親了。娜芙蕾特開心的是烏瑟黑特的兒子要結婚搬出去了，因為她還比這名繼子小上兩歲，兩人在家中尷尬得就像是孤男寡女。

古埃及留存至今的文物中包含一部分玩具。當中比較陽春的玩偶是在有如木槳的身體頂端黏上髮辮，至於比較講究的娃娃則雕工精美且四肢可動。球似乎也很受歡迎，並可應用在各式各樣的遊戲當中。不過稍微年長的孩子往往更樂於從事與體能相關的活動，比方說摔角與雜技。

容忍老公亂來，是娜芙蕾特得為榮華富貴付出的代價。她從小也是嬌生慣養，吃苦耐勞不是她的專長。現在的她會習慣對傭人大呼小叫，可以說有在父親身邊長大的「家學淵源」。當然，她也不是沒有想過自己嫁給又老又禿的烏瑟黑特，究竟是不是一種「屈就」。為什麼父親沒有給她選一個一樣有錢但其他方面條件好一點的對象呢？離婚絕非不可能，因為在古埃及離婚並不比結婚難多少，你只需要一紙分居的協定然後從原本的家中搬離。但話又說回來，她一旦離異，固然她可以保留自己部分的財產，甚至還可以拿到一部分烏瑟黑特的財產，但這怎麼說都會是一個離開舒適圈的過程，而且也沒有人能保證她之後會再找到一個同等級的飯票，畢竟不是每個黃金單身漢都願意接納離婚的女人帶著兩個小孩。

眼看派對就要在一個多小時後展開，娜芙蕾特開始巡視驗收。她是個完美主義者，這點她已經讓包括負責清潔的人員在內，所有的下人都牢牢記在心裡。再小的細節都不容輕忽。她下令把家具搬開，以騰出空間給樂師與舞團。椅子會沿牆壁排好，桌子則會在稍後被可口的食材擺得滿滿，而且菜與菜的相對位置也會用心計較。他們會需要數十個供客人飲酒的杯子，而一罈罈的進口美酒就擺放在方便補充的鄰室。此外，現場會備有染過香水的蠟錐與摘自別墅池內的新鮮蓮花，要當成獻給賓客的小禮。薰香的芬芳混著現烤牛肉的香氣，會瀰漫在派對現場，成為整個過程中的嗅覺背景。

活動的細節一一就緒，充滿信心的娜芙蕾特此時得專心開始打理自己。她把貼身丫環伊普特叫來，然後遁入了她閨房旁另一間小室裡寬衣解帶。伊普特不一會兒就帶著兩名少女出現，一人手中各有一大壺清水。娜芙蕾特舉高了雙手，任由水被澆上她的頭，然後只見伊普特由上而下，用手中的一疊亞麻布刷洗起主子的身體。再來就是恐怖的部分了。由於頸部以下不能見到一根毛髮，所以一支以油潤滑過的銅製銳利剃刀外加一把鑷子，就派上了用場。惟這項任務雖然看似有難度，卻也三兩下就完成。

這之後，全身被抹上了香油的娜芙蕾特在一張準備了手鏡與象牙梳子的桌前坐好。看著映照在拋光銅鏡裡的自己，娜芙蕾特開始把她潤濕的短髮梳直。除了將之梳直以外，她其實不需要費太多心思在頭髮上面，因為晚上她會以五彩繽紛的髮箍固定好精美的假髮出現，上頭自然有美麗的髮捲垂至她的香肩，而她會掐好時辰，在賓客到場前的不久適時變身。眼睛與眉毛的部分會用名為「柯爾」（kohl；由輝銻礦磨粉製成）的眼影加強效果，呈現出現代人眼中的深綠色；嘴唇則會用紅赭與油脂妝點得透亮紅潤。

娜芙蕾特看著鏡子顧影自憐，甚是滿意於一番打扮的成果。沒錯，她自認很客觀地覺得，自己真的是很美，應該有機會可以在今晚的主場豔冠群芳，畢竟身為女主人，她可不希望在自己家裡被人搶了光芒。但肩膀以上搞定了還不代表她能鬆懈，因為還有衣服需要搭配。娜芙蕾特有好幾個櫃子裡塞滿可愛的舊衣裳，但今晚她要穿一件皺褶風的新裝亮相，材質是雪白的頂級亞麻，她一早才從底比斯最搶手的裁縫手中拿到。幾個小時前衣服送到的一瞬間，娜芙蕾特還小小激動了一下，但這新裝的設計其實並不複雜：一大片長方形的布料做出花邊，在女性身上繞個兩圈，越過肩線，最後固定在人的前面。可想而知，類似的設計一定會在其他女性身上出現，但她還有一身的珠光寶氣

有錢人家精心打扮過的埃及女主人，一身珠光寶氣。

可以讓自己鶴立雞群。

娜芙蕾特讓伊普特取來她的眾多珠寶盒，裡頭收著她最鍾愛的細軟，而由於要搭配的款式幾天前就已經想定，因此她逕自打開了其中一個盒子，取出了漂亮的珠子項圈，並由伊普特接下拿到了銅鏡之前供娜芙蕾特欣賞。這個項圈串起的，是一排排呈圓錐狀的藍色彩陶小珠，當中穿插點綴著紅玉髓跟彩色玻璃。懸垂在項圈邊緣的是淚珠造型的金色墜子。這副首飾貴氣逼人，可以想見價格不菲，與亮白色的晚裝完美搭配。

項圈被有如國之重器般地放上

了桌面，然後只見伊普特又打開了其他的珠寶盒，顯露出了當中的一對金色手鐲與若干副精品般的耳環，它們也都將陪著女主人在今晚的比美中出戰。「今天晚上我應該會是第一美了吧，伊普特妳說呢？」娜芙蕾特問了一聲。

「當然。」伊普特給出了機械式的回答。「今晚自然會百花齊放，但您一定會豔冠群芳。拜託，您可是娜芙蕾特，烏瑟黑特監官大人的夫人耶。」

「這傢伙拍我馬屁就拍我馬屁，一定要扯到我那殺千刀的老公，讓我不開心嗎？」娜芙蕾特心想。「我看他今晚八成又會跟女人一樣戴著頂假髮見人，假髮不離身就是他這種人！」

行頭與配件都確定了，隨時可以穿戴赴宴之後，伊普特幫著娜芙蕾特先把件簡單的家居服繞在身上，畢竟現在就全副武裝可不利於她再去巡一遍會場。

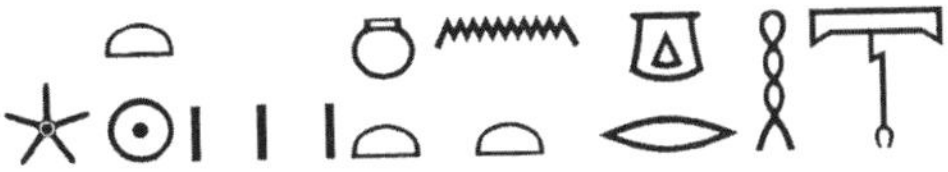

(20:00-21:00)

第21章　夜間的第三個小時

珠寶設計師拿黃金開刀

入夜已經是第三個小時，但遲到總比不到好，設計師望穿秋水的黃金原料終於姍姍來遲。等不到黃金，有個大案子的交期就會延誤一天，而那可是宰相下訂要獻給偉大王妻提婭的一組精美珠寶。阿蒙涅莫佩特之所以要這麼大手筆訂這個玩意兒，是想替提婭的法老丈夫拆炸彈。身為阿蒙霍特普的摯友兼左右手，阿蒙涅莫佩特不光在國家大政上替法老分憂，而是就連皇家的私事都得插手。這樣的他一發現法老與王后有婚姻不睦的危險，就立刻找了他最信賴的工匠普殷姆雷，來幫法老打造一樣可以讓王后忘了生氣的禮物。訂做首飾的委任命令先被告知了首席金匠，然後首席派了一名信差去到普殷姆雷的店裡，告知他說宰相這次需要一副華美的彩色項圈、一對耳環，外加手鐲跟臂環，而不論是哪一款飾物都會用上金子。

金子這東西人見人愛。普殷姆雷心想。金子明亮有如太陽，而且取得不易所以價值穩定。金子代表著富裕與令人欣羨的地位——甚至垂涎。有些人甚至連死了之後都要戴著黃金，希望在來生繼續享受它的美麗，而這也讓盜墓者開心不已。至於對像普殷姆雷這樣的金匠而言，他們也很樂於坐在店裡處理黃金，因為黃金具有極佳的延展性，所以幾乎沒有作品不能把黃金融入設計。你可以將之熔化到模子裡，然後再捶打成希望的造型，或是你可以把極薄的金箔嵌入木頭，就可以萬無一失地產生貴氣十足的效果。神廟與皇宮中的倉庫裡都累積了大量的黃金，以備不時之需。

埃及提到金子，會說那是「神祇的膚肉」，提到銀，會說那是「神祇的骨頭」。其中埃及本身不產銀，所以必須進口，就像前面提過的銀金礦（自然界的金銀合金）一樣。除了金以外，銅的開採也達到相當大的規模。結合自產的銅與進口的錫，埃及人就可以把銅錫合金之青銅應用在工具、武器與鏡框等個人用品上。鐵礦相當罕見，僅有的一點供應大多來自偶遇的鐵隕石。

雖然埃及本身不是沒有金礦，但找起來往往非常費勁。有些金礦位於環境非常惡劣的東部沙漠，由此埃及人會順便把外國俘虜跟罪犯送到那裡去幹這份苦差事。金礦礦脈一旦被探查出來，埃及人就會緊抓著不放，並為此開始興建地下坑道。挖掘坑道是一件既危險又辛苦的工作，主要是大塊石頭會被從地底挖掘出來，然後再於地表上拆解成小塊。小塊的石頭會被進一步敲成碎石與粉末，而且所有的流程都依靠手工，所以就跟採石場的狀況一樣，工人們也得在又敲又磨之中度過漫長的一天。含金的土石被敲擊研磨到像沙子的大小之後，就會被送到有斜度的板子上淘洗，藉此達成金與石的分離。經過這些程序所取出來的黃金，會在裝袋之後被戒護送至尼羅河谷。

採礦是辛苦，但普殷姆雷知道國王想要黃金其實有其他的管道。比方說黑土的南方的鄰居努比亞，就似乎是一片盛產金礦的土地。努比亞人也很重視自己的黃金，但你可以跟他交易，或更直接的用武力使這些黃金成為埃及的戰利品或努比亞上繳的貢品。同樣的道理也適用於埃及統治下位於東方的土地。那兒的大小城鎮都有一種得對埃及進行不樂之捐的默契，而且這些以私人珠寶為主的進貢不論是數量與時間，都得依照埃及壓迫者的意願，而這就是大帝國可以享有的特權。另一方面，黃金已經儼然是國際間彼此餽贈的一大重點，亦即其他國的國王也會要埃及贈予黃金來表示外交關係上的誠意。換句話說，普殷姆雷深知自己鍾愛的這種金屬材料，是多麼寶貴的一種東西。

一九二二年，英國考古學家霍華．卡特（Howard Carter）第一次看到了圖坦卡門（Tutankhamun）的陵墓，而據說他當時說的第一句話是：「黃金！到處都閃耀著黃金！」確實，圖坦卡門之墓作為新王國時期一個幾乎完好如初的法老陵墓，內含有數量驚人的黃金與鍍金的物品，包括家具、戰車與各式各樣的葬儀用品。他三層人形棺木中最內裡的那一層，是純金打造，重達一百一十公斤左右。

就在普殷姆雷於矮桌上排放工具的同時，好幾名工匠已經搶先動工。有些人把金片敲打成極薄的金箔，也有人為金質的容器進行彎折或塑形，以便成品可以在神廟的儀式中大展身手。當天稍早，來自國庫的代表曾經帶著一袋金沙與一尊天平前來，並在書記小心翼翼的記錄下給金子過磅並分成一堆堆不同的單位。負責運送或承接的人員如果手腳不乾淨，都不會得到寬赦。

金沙經過秤重與單位的區分之後，會被送進特殊的火爐裡熔成方便加工的金錠或金片。燒木炭的火爐會用鼓風器增加爐中的空氣量，進而維持住熔金所需的高熱。偶爾，官員送來的不會是金沙，而是一籃子來自外國的戰利品。這些被埃及人沒收來的首飾會分成兩塊，其中寶石會先行被挖下來保存，剩下金子的部分則會進爐熔化然後回收利用。

收到珠寶設計任務之後短短幾分鐘，普殷姆雷就已經在腦子裡激盪靈感了。臂環得是純金打造，但又得顧及王后的體能負擔而保持輕薄。手鐲得跟其他的單品有系出同門之感，但中間又要運用上樞紐的設計來方便穿脫。為了替這些配件增色，設計師會交替鑲嵌一排排的青色的綠松石與血色的紅玉髓來加以點綴，由此呈現出曖曖內含光的簡約跟優雅。每件單品的內裡都會小心地鐫刻上王后的名諱，絕對不會有人搞錯這寶貝屬於誰。

耳環的款式會相對素淡，但仍會令人忍不住猛看。其組成會以蜷曲的金線為主體，搭配上青金岩、孔雀石與長石的鑲嵌物，讓人有一種把胸花戴在耳朵上的視覺效果。至於項圈則會講究許多，包括上頭會用上三層由淚珠造型的綠松石墜子跟圓形金珠所交替構成的雙排結構。配戴的時候，項圈會垂至她的胸前，並靠著左右各一條纖細的鍊條繫在她的玉頸上，同時背後還會垂著一朵用來平衡前後配重的金蓮花。

青金岩這種深藍色的半寶石相當罕見，所以深受古埃及人的喜愛與追捧。通常會與金斑加以混成的青金岩一旦經過拋光，便能驚豔全場，所以也是深受高價珠寶青睞的用料。青金岩的故鄉是遙遠的阿富汗，所以它能夠千里迢迢地來到埃及，當中理應經過許多手的跨國貿易。

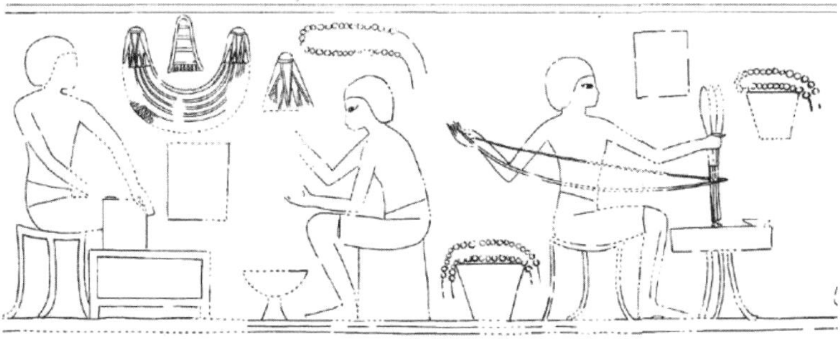

認真工作中的珠寶師傅。

普殷姆雷十分自豪於自己的工作成果，也曾親眼目睹王后配戴自己的傑作，只不過大多數的時候，他都只能從遠方遙望。雖說他的才華洋溢深受肯定，但也難免會有傲慢的菁英對他抱持懷疑，那是任何一種匠人都難逃的宿命。偶爾的高層委任在工匠之間是一種殊榮，也象徵一種競爭，不論那最終的配戴者是活人還是死人。皇室御用或有人要獻給皇室成員的品項訂單，自然是尊貴到沒有話說，但訂做珠寶市場的訂單大宗，依舊是來自於埃及廣大的官僚系統。

普殷姆雷望向左右正在忙碌著的兩名同事，他們手上的半成品各處於不同的階段。其中一名同事在製作戒台是聖甲蟲造型的金戒指，服務對象是某個「很可怕，不要問」的有力人士。普殷姆雷偶爾會懷疑這位同事用剩下的零碎黃金做要帶回家給老婆的東西。另外一名同事則在從一片黃金上切割出極薄的細條，據他說這是要做成蓋子來保護死者手指腳趾的材料，再者是有了黃金手指與腳趾護體，死者便能在黑暗的陰間如太陽般閃耀。雖說黃金包在亞麻布下，死者本身或他的遺族都看不到，但珠寶師傅們還是很敬業地發揮他們卓越的技巧。

話說普殷姆雷並不熱中於為死者製作這些金光閃閃的東西，因為他覺得這是一種很浪費的行為。他比較希望讓生者享受他作品的美麗，畢竟每一件精美的飾品都由他注入了大量的心力。要是可以由他決定，那普殷姆雷會拒絕處理頂級材料以外的任何東西，而所謂頂級材料就是金、銀與最奢侈的寶石。由此當阿蒙涅莫佩特在下單的時候要求不要彩陶及玻璃時，普殷姆雷內心非常開心地想著恭敬不如從命。

彩陶又稱釉陶，是一種由磨細後的砂石與石英所構成，性質類似瓷器的原材料，可以在處理成糊狀後塑形為各式各樣的物體，然後送去窯中燒烤。其最易於辨識的特色就是釉面的玻璃光澤，因為上頭會閃爍著各種泛著綠色與藍色的光譜。彩陶的製作成本低，價格相對親民，因此可應用在珠子與護身符的量產之上。

珠寶師傅在幫珠子進行穿孔與串接的程序，為的是製作項圈。

環顧工坊四下，普殷姆雷可以很自豪於自己不會輸給任何人的技巧。從小他就歷練過具有高度重複性的基層工作，包括把彩陶壓進模具中，協助火爐的運作，還有把廉價的珠子串成便宜的項鍊等，而其中又以幫不同硬度的珠子鑽洞一事最讓他皺眉頭。外界的需求就像無底洞，事情永遠做不完，而許多失誤一旦犯下將無法彌補，因為陶珠不像黃金一樣可以熔掉重鑄。監官罵起人來非常之兇，但你若表現好他們也不會吝於讚賞。

慢慢地，從底層做起的普殷姆雷獲准與金匠一起工作，而他獨具的創意天分也很快就顯露出來。從庶民等級的葬儀護身符到皇家御用的訂製配件，他熬過了漫長的學徒生活，如今才得以心滿意足地享受到出師成果。

普殷姆雷在矮凳上坐下，開始幹活。黃金原料既然已經到手，而且當中還包括一小塊捶打過的金片，他決定先開始製作臂環，因為臂環相對好做但成果會相當素雅。之前服務阿蒙涅莫佩特的經驗，讓他知道宰相大人的耐性不太夠，所以只要臂環做下去，他就可以宣稱案子已經在進行中了，而且臂環的外貌也可以證明他的作品會符合王后的格調。

一九二五年，哈佛大學的探險隊在吉薩高原上發現了一座令人歎為觀止的陵墓。極深的墓井通往了一間狹小的墓室，室內大部分的地面都鋪著一層精巧的金箔。證據顯示這是胡夫法老之母海特菲芮斯（Hetepheres）王后的長眠之所，而這處陵墓旁邊就是胡夫所建的大金字塔。海特菲芮斯的墓中原本有一層金子蓋在木質的家具上，但這些木頭家具早就已經腐朽，而上頭的黃金自然也隨之消失了。所幸經由千辛萬苦的復原工作，原本的黃金家具重現在世人面前，當中包括一面床、若干張椅子，床鋪的天篷，還有櫃子。而且其中一個櫃子裡還放著美麗的銀質手鐲。以雪花石膏製成的石棺開啟後，讓滿懷期待的探險隊大失所望，因為裡頭是一片空蕩蕩，而這個謎團至今仍有待人去抽絲剝繭一番。

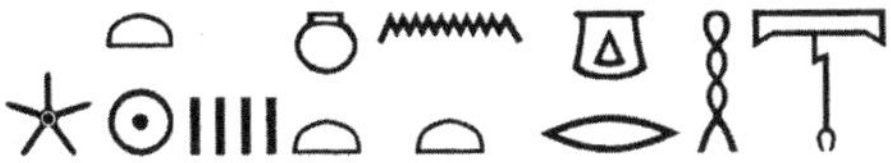

(21:00-22:00)

第22章 夜間的第四個小時

舞者們輕解羅衫，踩著舞步從側邊走了出來。三人搖晃著翹臀，身上是讓人一目了然，令任何遐想都顯得多餘的清涼打扮。

舞孃取悅現場觀眾

夕陽西下，漢蒂跟她的舞孃同事走在村裡的路上，遠遠已經看得見別墅發出的光芒。她們身上穿著長版的亞麻管狀服裝，不一會就會被丟在宴會廳角落的地上。這個星期稍早，漢蒂正在自家門前保養頭髮時，面前突然出現一名禿得非常徹底的官員。漿洗過的亞麻裙穿在身上讓他看起來容光煥發，同時他手中還握著象徵公家權威的木杖。這人，名叫烏瑟黑特，頭銜是工程監官。外頭傳言烏瑟黑特的兒子將成為另外一名官員的女兒的丈夫，主要是小倆口似乎已經為了成立新的家庭而開始同居。漢蒂心中的懷疑，在對方上前攀談的同時一掃而空。

「妳，是舞孃漢蒂嗎？」監官問道。

「正是在下我！有什麼需要我效力的事嗎？」

「我要給兒子結婚辦場喜宴，現場會需要一些餘興節目。」

漢蒂納悶的是這點小事，貴為監官的他怎麼會自己出來聯繫，也許外頭說監官日理萬機才真正是謠傳而已。

「我見過妳跳舞，當時大家都看得很過癮。妳方便帶一些妳的姊妹過來嗎？」

「那是我的榮幸。請問喜宴要辦在何時？」

「夕陽西下的黃昏時分，今天算起的六天之後，地點在我的別墅。」

「沒問題！大人您希望我們做什麼風的打扮呢？」

「嗯，這個嘛，愈像沒穿愈好吧。或許可以穿些有珠子的東西。」漢蒂聽得出監官的言外之意是：珠子以外的東西就盡量別穿了。到時候她會頂著一頭打理好後用髮箍固定住的秀髮，外加化好妝的眼睛跟嘴唇，剩下能稱得上是行頭的就只剩下一條繩子繞過她的腰部，然後就是幾串珠子分別垂在重要部位的前面與後面。事實上，這會跟時下流行的漁網裝相去不遠，真要說有什麼差別就是漁網裝穿起來更不舒服，而且也多遮不了多少地方。

「那我們到時候見。至於報酬就照行情吧。」漢蒂口中的行情，會包括晚宴的殘羹剩餚——頂級的肉品幾大塊，沒喝完的葡萄酒若干罈，這些都是普通勞工平日負擔不起的奢侈品。

「那就期待妳到時候熱情的演出，還有別忘了要適時給予女主人協助。」烏瑟黑特突然為談判畫下句點，然後便轉身前往安排其他的婚宴細節。

發生在大金字塔時期的一個古老故事裡提到，有一名心情抑鬱的統治者希望尋些開心。於是，他叫來了身穿漁網裝的妙齡美女在湖面上來回划船，任由他的雙目欣賞。但划著划著，船隻突然亂了節奏，原來是一名槳手穿戴的魚墜子掉進了湖中。所幸一名魔術師挺身而出分開了湖水，讓丟失的物品得以拾回，而國王的餘興節目也方得以進行下去。

等到約定的日子來臨，漢蒂聯絡了蔓葳與奈貝這兩個姊妹淘。這三人曾經好幾回在上流社會的活動中演出，已經培養出了有如女子團體般的默契。雖說她們都還沒有如願以償地在活生生的荷魯斯神阿克黑波汝法老的面前表演過，但今晚她們起碼可以先退而求其次地在法老的重臣面前一展身手。來到了約定的別墅，家中的女主人娜芙蕾特輕慢地下令要女孩們去協助樂師們，同時間盛裝打扮的賓客則一個個蒞臨現場：美觀的亮白亞麻禮服或褶裙、精巧的珠寶配飾，還有令人眼睛為之一亮的各式假髮，還有真髮。「舞者們……等豎琴樂師們到場後幫幫他們，然後等他們準備就緒，我們的節目就可以開始了。」烏瑟黑特在現場也是命令一大堆，跟他的妻子不相上下。他戴著一頂及

宴會的賓客聆賞著瞎眼豎琴樂手的演出，一旁還有舞孃的精采演出。

肩但稍微偏掉的假髮，天然的光滑頭頂因此稍微露了出來。

過沒多久，漢蒂在門口迎接了兩名看似瞎了眼的長者，兩人手邊都有年輕的孩子扶持。長者身後跟著兩名強壯的年輕男人，各自扛著一尊份量頗足的弦樂器。瞎眼的豎琴樂師顯得德高望重，畢竟他們的技術卓絕；能請到他們，對主人而言是一種對身分地位的彰顯。「這些瞎眼音樂家，」焦急的漢蒂對朋友碎念著，「真的是遲到成性。他們大概是連白天黑夜都分不清楚吧！雖然我聽說他們當中有一個人是假裝的。有人說親眼看過那個假貨在修理自己的豎琴。」

豎琴樂手被領著來到由豎立油燈所照亮的大廳，然後分別在室內的兩端坐定，中間則加雜著其他人操作別種樂器──幾名鼓手、幾個手拿鈴鼓跟響板的女子，兩名笛手，還有若干名歌手。在其中一名豎琴手的一聲令下，鼓手開始拍響了鼓皮，而這除了讓現場觀眾的耳朵打開，也很有效地讓其他樂手進入備戰狀態。接著豎琴手撥弄琴弦，在一個分秒不差的點上，大合奏在現場爆發了出來，而這也讓賓客們彷彿大夢初醒。

樂音打開了漢蒂跟朋友身上的開關，她們於是輕解羅衫，踩著舞步從側邊走了出來。三人搖晃著翹臀，身上是讓人一目了然，令任何遐想都顯得多餘的清涼打扮。就此她們用完美的節奏感，使出了排練許久、默契十足的一整套舞步。她們先是抱住雙臂，然後張開雙臂，身形忽左忽右，期間還不忘低下頭將一頭秀髮甩動，然後她們抬頭，旋轉，重新來過。

不知何時，興頭來了的觀眾們自然而然地拍起手來。雖然樂師們已經比一般人放得開，但跟舞者比起來還是非常乖。話說幾乎衣不蔽體的舞者們在熱烘烘的廳堂內飆汗，水分反射的光線讓她們整個人都亮了起來。但這一點一向讓漢蒂耿耿於懷。「他們肯定覺得滿身大汗也是我們行頭的一環！」她經常這麼怨嘆。許多樂師做著不輸給賓客的華麗打扮，甚至也跟賓客一樣，某些樂師會領到可以放在頭上的芳香蠟錐。這些香錐會隨著時間慢慢在燠熱的氣溫中融解，散發出美好的氣味。漢蒂認得其中一位魯特琴手，那是希特蕾，跟她向來不合的鄰居。她今天可以說是盛裝出來工作，而漢蒂卻幾乎是全身光溜溜。她看得出希特蕾一邊快手在撥弄著琴弦，一邊壞心地憋著笑意。

經過一個過場，音樂開始緩和了下來，然後只見場中出現了兩名歌手。排定的男女對唱即將演出情歌組曲，由此三名舞者也可以稍事休息。男女歌手在場地中各據一方並遙遙對望，供人吟唱的情詩開始一人一句地流瀉出他們的金嗓。

「我是你的摯愛與初戀；我是屬於你的一片田野，
我讓上頭花團錦簇，長滿了香甜的植物。」

「我的摯愛獨一無二，舉世無雙
她的美貌沒有其他女子相比得上
她就像是一顆明星，用第一道鋒芒
預示著一整年的運勢順暢
她的美豔動人無法能擋
她的膚色透亮眼神明亮
話從她的雙唇中說出彷彿裹著糖霜，只因她從不慷慨激昂。」

「想起對你的愛，我一顆心便輕地的飛揚。
我連路要怎麼走都因而遺忘，
只能一跛一跛地跟上
我連衣服都不知如何穿上，披肩也不知去向。」

烏瑟黑特周旋在賓客中，時而對表演者加以誇讚，時而用僕役勤快斟上的椰棗酒與人對飲個暢快。趁他的妻子不注意，烏瑟黑特也趕緊給需要補充水分的三名舞孃遞上酒杯，而舞孃們也不客氣地一飲而盡然後續杯。很快地情歌唱完了，古埃及的三人女團又得開始在全場面前賣力演出，又是旋轉，又是跳躍……這兩年來，漢蒂已不止一次親眼目睹重心不穩的同事撞進樂師的領域，惹得樂師們老大不開心，尤其瞎眼的豎琴師傅更會不客氣地喝斥幾句。即便還能靠自己站立，醉醺醺而動作不再協調的舞孃也難免會被老實不客氣地轟出門去，而那就代表她們某天不但做了白工，而且隔天村裡的「閒話工廠」還會卯起來轉動，不一會兒就能把她們的名聲徹底弄臭。

為了強化她們身為舞者的「娛樂性」，漢蒂與她的朋友會散開隊形，各自到或男或女的賓客面前獨舞。此時她們會極盡挑逗之能事地對客人的下巴進行觸碰，然後一轉頭給對方一個魅惑的笑容。漢蒂知道她就是因為玩過這一招被烏瑟黑特看到，這名位高權重的監官才會紆尊降貴地跑來村子裡相邀。其他的賓客們若是癢處能被搔到，說不準也會一時興起，為了給舞孃們一些獎賞而脫掉身上的珠寶。而就算不可能每晚的財運都這麼好，漢蒂也希望看得開心的客人能夠有其他案子幫她們介紹介紹。

轉了不少圈也喝了不少杯，讓漢蒂開始有一點分不清東南西北，但在主人夫婦的自我介紹後，烏瑟黑特大喊了一聲，「我們再來一點音樂跟舞蹈，你們說好不好？」賓客們用震耳欲聾的掌聲表

三名樂師分別展現著橫笛、魯特琴與豎琴的過人音藝。

示無比贊同，於是音樂的喧囂又開始在空氣中顫動。「快上去！」烏瑟黑特的家僕們也狐假虎威地對舞孃發號施令，於是漢蒂等三人只得從烏瑟黑特湊上來的雪花石膏酒杯中趕忙啜飲了幾口酒，就忙不迭地繼續舞動起來。

硬上的結果是短短幾分鐘內，軟腳的蔓葳與奈貝就都癱在地上，得由旁人攙扶到牆角歇息。倖存的漢蒂只能獨挑大梁，繼續香汗淋漓地用旋轉呼應歷久不衰的音樂聲響。

隨著她瘋狂地像陀螺般

轉動到樂師的身邊，漢蒂這才為時已晚地注意到魯特琴師希特蕾存心不良地伸腳要絆她。她在踉蹌中向前倒去……一頭栽進了某位盲眼豎琴師傅的琴弦上，推倒了人，也推倒了樂器，現場一片狼藉。「別碰我，妳這隻髒狗！」豎琴師傅尖叫起來，他的夥伴也連忙衝過來要當他的後盾。漢蒂被從一團亂中拖了出來，而娜芙蕾特也立馬站了出來說：「滾出去！」在女主人的一聲令下，漢蒂被人架出了廳堂。她先是心不甘情不願地來到了別墅的院中，然後被扔到了門外仆街。她兩個精疲力盡的舞孃夥伴也逃不過相同的厄運，於是三人就淪落到路上，任由塵土黏著她們汗濕的肌膚，而她們稍早褪去的衣衫也被無情地丟還。有名僕役看了不忍心，便好心將早已軟趴趴的三人置放到驢背上，由驢兒將她們背回村裡。但即便不敵酒精，帶著醉意的漢蒂也明瞭她的舞孃工作將進入一段不短的淡季。

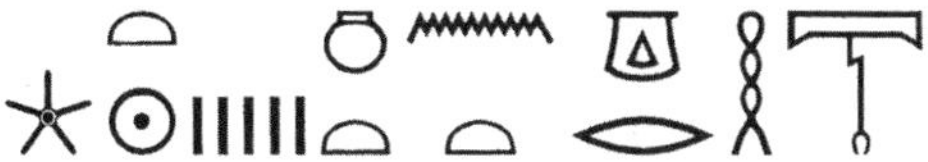

(22:00-23:00)

第23章　夜間的第五個小時

醫師給病人看診

奈佛霍特普身為一名醫者，今晚的此刻只覺得疲乏得很。他巴不得現在能立刻關門，回家讓自己在充分的休息裡放下所有的責任。只可惜忙了一整天，老天爺到最後還是不肯垂憐。一個渾身除了乾掉的泥巴以外一絲不掛的男孩，在這時衝了進來，你不難看出他是一路跑來，因為停下了腳步的他仍不住在喘。至於他這麼急著要告知醫生的事情，是有人「在河邊受了傷」，一會兒就會送來。但究竟這人是怎麼受的傷，男孩卻是什麼都沒講。翻船？在尼羅河被動物咬到？看來答案得稍後才能揭曉。

在村子裡當醫生，代表你得面對各種疑難雜症：皮膚發疹、骨折、撕裂傷、或是孩子發高燒，都只算是基本款當中的冰山一角。不過幾個小時之前，一名年輕女子出現在他的診間，抱怨著自己的頭痛欲裂。在檢查過女子的狀況，按壓過她的脈搏後，奈佛霍特普用以火煎過的鯰魚頭蓋骨為原料，調製出了一坨舒緩症狀用的藥膏，然後一邊直接把藥塗抹在她的患部，一邊念念有詞地誦讀著咒語，以便將藏於她體內的惡魔驅離。「明天還痛的話，妳再過來一趟。」他如此囑咐著女子，但女子已經連忙說自己感覺已經好很多。過沒多久，一名工人帶著骨折的右臂找上了門來。傷者一邊痛不欲生，奈佛霍特普一邊以觸診的方式確認骨折的位置。找到斷點後，他便熟門熟路地一拉加上一扭，原本一分為二的骨頭就又破鏡重圓，而傷者的疼痛也立刻大減。最後奈佛霍特普給工人上了油脂與蜂蜜，再用護木固定骨折處來確保復原的進度。「這幾個禮拜就別工作了，知道嗎？」是他給工人臨別的醫囑。

時不時來找他的病人其實有點小題大作，而且有些人沒事就來看個病。就以工程監官烏瑟黑特來說，他已經好幾次跑來說有急診要看，結果不是被小蜜蜂給叮了一下，就是說耳垂有點腫，再不然就是去其他高官的別墅吃完大餐，感覺有點胃脹。尤其秀下限的一次是烏瑟黑特帶著他的寵物猴來看病，說是他愛猴的身上有點癢。那天奈佛霍特普婉拒了看診，並好聲好氣地表示如果今天是猴子生病，那恐怕獸醫會遠比他專精。

上個星期，烏瑟黑特又為了頂上無毛的困擾跑來找他。他即將在家裡舉辦一場宴會，所以希望看起來帥氣些。雖然奈佛霍特普認為為了這點小事就來看病未免吃飽太閒，但他還是去查了他寫於莎草紙上的的醫學寶典，希望當中能有相關的記載。幾分鐘後，他宣布他找到了一則古往今來有人宣稱過療效的做法。這帖藥的配方裡點名了各種動物的脂肪：河馬、貓、鱷魚、獅子、蛇與山羊，然後表示要等量各來一份。奈佛霍特普從在診間三面泥磚牆邊排排站的數十個陶罐中，取來了相關的藥材，而牆壁的另外一邊其實就是他的私宅。

獅子的脂肪所剩無幾，但還夠調配出一帖藥來先擋一下。以底比斯為家對他而言，是一件幸運的事情，因為在這裡想要取得獅子身上的東西，不論是真貨還是山寨，都比埃及其他各隅容易得多。統治者阿克黑波汝本人就曾經誇耀過他獵捕這類猛獸的能力，而近期也不乏異國的藥材輸入自國境之南的努比亞。奈佛霍特普在空罐中混合各種動物脂肪，然後把成果交給烏瑟黑特說：「把這塗在你的『光明頂』上，一天三次。醫藥費算你一籃穀物就好，去跟我的助理結帳。」

古埃及在醫學上廣泛應用各種藥材，並不乏以組合的方式來嘗試對不同的病痛對症下藥。經由不斷的嘗試錯誤，古埃及人掌握了不少物質的療效，如他們就明瞭蜂蜜可以減緩傷口感染。在古埃及醫學佔有一席之地的動物製品涵蓋其瘦肉與肥肉、血液（如蜥蜴血、蝙蝠血、豬血），小至蒼蠅的各種排泄物、內臟、牛乳，乃至於用火烤過的鼠輩。你如今想得到的植物，在古埃及幾乎都是某種藥草，不少處方都至少含有一兩種蔬菜水果、樹木的一部，或者是香料。礦物跟金屬產品也沒有缺席，隨便點個各名就有方鉛礦（一種鉛硫化合物）、天然孔雀石、陶土、銅礦與奈純，其中奈純也就是前面提過，防腐師傅的好朋友。

烏瑟黑特滿心歡喜地謝過了醫師，在回別墅的路上左搖右晃地把藥罐夾在腋下，幻想著一個禮拜後的自己會長出一頭茂密烏黑的頭髮。「真浪費。」奈佛霍特普下了這麼個結論。神廟的祭司會為了淨身而剃掉全身毛髮，由此達到跟烏瑟黑特一樣的視覺效果，只不過一個是光頭，一個是禿頭。另外埃及有一大堆辛苦的農人在照顧著綠油油的無邊田野，他們一個個都為了生活的溫飽而無暇顧及自己有沒有頭髮。所以說特地跑來看診只為了禿頂，恐怕是被寵壞了的社經菁英才有的餘裕，但諷刺的是他們往往出門又戴著所費不貲的假髮。像這類病人雖然讓人不耐煩，但是身為醫師也不能將他們拒於門外，所以奈佛霍特普都是把他們當成財神爺在好生招待。

在把行醫做為終身志業，並在底比斯近郊開始執業之前，奈佛霍特普曾經隨軍踏遍海角天涯，並在戰事中治療過令人驚心動魄的各種疾患與傷口。傳染病在軍營裡爆發，是不能開玩笑的危險狀況；一個處理不對，部隊可能就得提前鎩羽而歸。不過相較於此，與敵軍的士兵與馬車在戰場上廝殺，才是他見識過最駭人的傷患來源，這包括有人的頭遭到錘矛等鈍器重創，有人被斧頭或鐮刀狀的兵器殺傷，還有一票人身上有箭矢的穿刺傷。某些人會被認定已經回天乏術，由此他們只能趁還有一口氣在，趕緊交代其他人把他們的遺骨帶回埃及故鄉。

不過那些都已經是只能追憶的往事了。他自認一把年紀的他已經不適合遠行，更不可能在戰場上九死一生，所以才選擇在地方上老實當個醫生。不過軍醫的歷練，還是派得上不少用場。由於附近就有不少皇家建築大興土木，因此工傷的案件可說是屢見不鮮，源源不絕，這當中包括有人的眼睛被噴出的土石碎片砸傷，有人因為從高處跌落而弄斷骨頭。事實上他的不少病人都是在烏瑟黑特監官手下勞作的工人。

幸運的是，奈佛霍特普不用孤軍奮戰。年輕的納克特是奈佛霍特普的兒子，未來只要不出意外，他將繼承父親的衣缽成為一名醫生。納克特每天的生活都是以訓練為中心，而他要學習的除了行醫的醫理，還有書記的技藝，因為身為一名醫師，他必須要有能力去閱讀醫學典籍，甚至像父親那樣自行執筆寫下行醫的經歷。不過年輕人終歸是年輕人，納克特還沒有培養出像父親那樣的仁術仁心。由此他曾經很冷酷地建議父親不要浪費珍貴的藥材，而應該給烏瑟黑特一大罐貓尿或驢糞，讓這混帳好生在他那凹凸不平的頭皮上施點肥。

雖然已經忙了一整天，但奈佛霍特普依舊心懷感激，因為他今天到目前為止遇到最嚴重的病例，除了有人斷了一隻手臂以外，就只是有蛇咬到了一個孩子而已了。平日遇到有人被蛇咬，他都會將病人轉介到這方面的專科醫生，但今天他實在狠不下這個心，主要是孩子在診所裡叫喊得實在太過淒厲，外加心急如焚的雙親伸長了雙臂，在一旁晃動著死蛇那醜惡的扁平屍體。古埃及有不止一種毒蛇，其中好幾種都會要人命。而眼前這條蛇即便已被敲了個稀巴爛，奈佛霍特普還是認得出

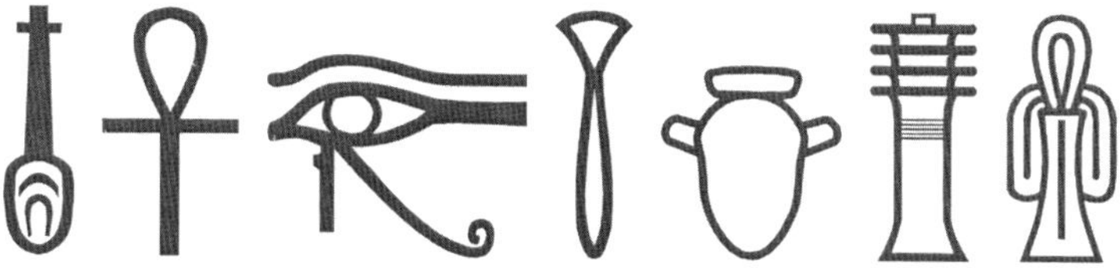

除了生理性的治療以外，埃及醫師還可能會讓病人配戴具有不同神力的護身符。

這條蛇基本無害。他把這個好消息告訴了父母親，然後從罐子裡取出一點蜂蜜，接著就是一邊好言相向，一邊在孩子手臂上有小小齒孔的地方按摩了一下。他在一方木箱裡尋了一下寶，取出了象徵荷魯斯保護之眼的護身符，將之配戴在了孩子的頸上。明理的雙親顯得非常感激，並承諾明天會回來給醫師獻上大禮。

除了全科的一般醫師以外，埃及還有好幾門專科醫師，當中可區分為眼科、婦科、腸胃內臟科、蛇蠍咬傷科，還有牙科。不令人意外地，埃及的統治者與皇親國戚會有菁英的御醫來看顧他們的健康。

診間外頭的一陣騷動，宣告了來自河邊，診間在等待著的病人上門了。四個披頭散髮的男人衝進門內，共同提著的織墊上躺著在痛苦哀號的傷患，其人的一隻腿正在流血。毯子被放在地上後，其中一個送傷者來的男人解釋說製磚工人伊澤平常都非常小心的，但今天他忙了一整日後，跑去河岸邊想洗掉身上的一層厚泥，就出事了。其實相對於去河邊洗滌，比較安全的做法應該是用運河的水或是用井水來清洗，但餓了的伊澤今天想趕點時間，所以才會噗通一聲，跳進河裡想洗個戰鬥澡。沒想到他進到河裡還沒三兩下，一隻年輕的鱷魚就用血盆大口咬住了他左邊的小腿，所幸伊澤在驚慌中勉力甩掉了鱷魚，狼狽地爬回了岸上。他的叫聲引起了朋友的注意，而朋友們一看到這情況也大驚失色。

鱷魚這一咬，在伊澤小腿上留下了滲血的深刻齒痕。奈佛霍特普最討厭的就是這種牽涉到河水的動物咬傷，因為這種傷治起來非常棘手。不過伊澤能活下來，已算是福星高照，因為今天要是換成一隻成年的大鱷魚，傷口肯定會更大更嚴重就不說了，更可怕的是鱷魚會把他拖進水裡，直到他溺斃。奈佛霍特普蹲低了身子去檢視那一排吻合鱷魚嘴型的齒痕，同時間伊澤的朋友則負責壓住他，讓他別亂動。接著奈佛霍特普一邊用亞麻布按壓在齒洞上止血，一邊檢視伊澤的全身，看他還有沒有其他的外傷。「納克特！去跟屠戶買些肉來。」奈佛霍特普一面下令，一面看著自己的兒子奪門而出。

抓著一只厚實花瓶的把手，醫師倒了一大杯摻了蓮花的酒，然後慫恿著伊澤多少喝下一點。這調酒的作用就像是某種麻醉藥，可以讓激動的外科病患先稍微平靜下來。果然一兩杯蓮花酒下肚，原本掙扎得厲害的伊澤就此打住。而當納克特帶著兩片瘦牛排回來時，奈佛霍特普已經準備好要用精湛的醫術把肉綁在傷口上。「然後呢？」伊澤的一個朋友問道。「先帶他回家，但明天得再帶他來複診。還有叫他虔誠地去拜一下鱷魚神索貝克（Sobek），讓他在神前好好反省一下。別忘了下次他跟你們所有人不論再餓再累，都不可以因為偷懶而便宜行事。」聽完醫師的教訓，一班人便用同一張墊子將伊澤抬了出去。

埃及醫生的療法可由簡至繁。像是治療消化不良，醫生得把一顆豬牙磨成粉，摻進麵粉裡烤成四塊甜糕，然後讓病人一天一塊分四天吃完。但要治療「生病的腳趾」，就要複雜得多了，因為醫生得集合蠟、薰香、苦蒿、罌粟、接骨木、各種樹脂、橄欖油、雨水等材料，然後將之製成膏藥。

奈佛霍特普思考了一下療程的下一步。明天他會把肉挪開，把蜂蜜跟油脂塗抹在受傷處，然後將傷口重新包紮好。他檢查了兩罐藥罈子，確認了裡頭還有足夠的藥材，然後就感覺到胸有成竹了。

「把這裡收拾收拾，」他溫柔地吩咐兒子，「明天太陽升起後，我會讓你挑起治療病人的重責大任。」奈佛霍特普走到診間隔壁的住處，褪去他已經滿是髒汙的亞麻裙子，爬進了床鋪。才把頭倚在木枕之上，他便沉沉睡去，就等著幾個小時後要面對新一輪在診間中的日常驚喜。

(23:00-00:00)

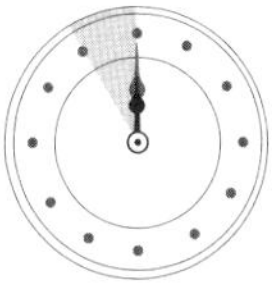

第24章 夜間的第六個小時

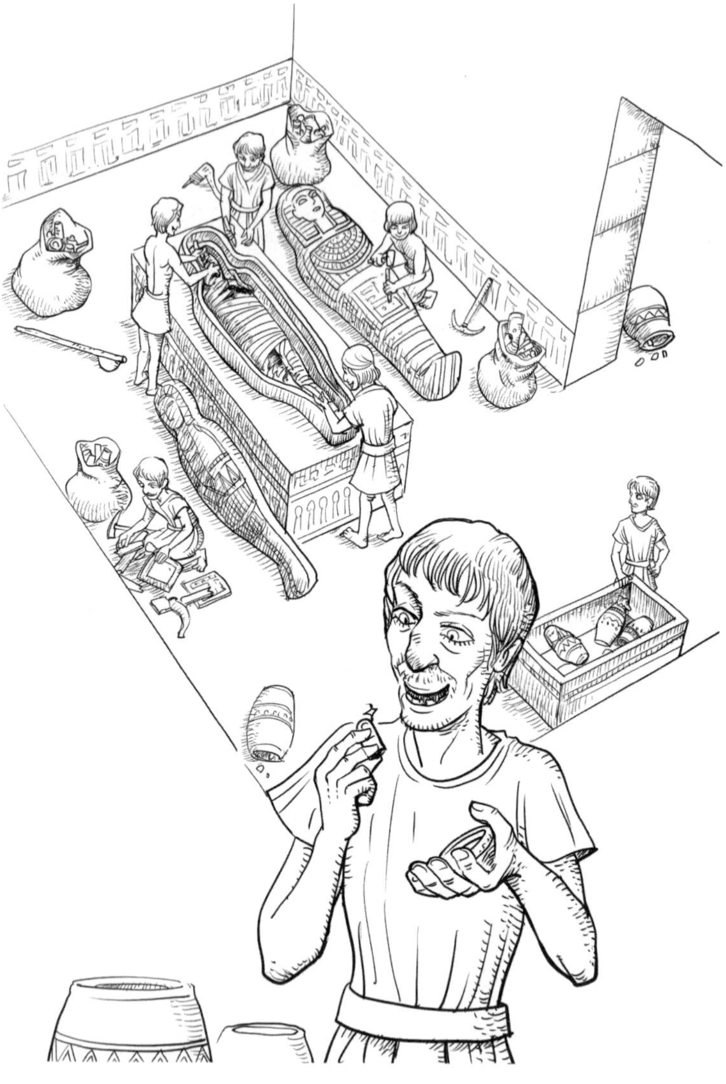

鑲嵌的圖案也被從棺木表面上敲開或撬開出來，被盜匪們一掃而空。貝比接著下令要把棺木那厚重的蓋子給移開。「我們來看看王后會不會厚待我們吧！」

菜鳥盜墓者在磨磨蹭蹭

誰要是膽敢懷著異心進入這個陵墓，我會像抓鴨一樣抓住他的頸部；偉大的神明自會讓他知道像這樣的行為，有什麼代價要付。

——**出自舊王國時期官員哈克赫弗（Harkhuf）的陵墓**

內姆維夫蹲進深度不深的坑裡，開始銅鑿與木槌並用讓石膏剝落。他的風格是小心駛得萬年船，但在他的一名同事貝比看來，內姆維夫還真不是普通的慢。「你再不動作快一點，」他催促著，「我乾脆自己來！」內姆維夫知道貝比只是在嚇唬他，因為他知道貝比絕對不會想參與到破壞陵墓，做出破口的工作裡來，因為只要沒有親手參與打洞的工作，他就可以在萬一被逮的時候堅稱自己沒有碰觸過犯案的鑿子。「沒有人會聽到我們在這個坑洞裡的動靜，就算有，分一杯羹給他們也就是了。」也不知道這話提振了他多少士氣，內姆維夫加快了動作，而果真也沒過多久，一堵石牆的頂端就顯露了出來，且上頭一枚石塊還向內跌了進去，並在墜地之際發出一聲悶哼，石牆背後的黑暗空間於是呈現在他們眼前。他的心臟愈跳愈快，因為他知道自己這下子已經不再清白。

內姆維夫跟貝比，外加另外四名同夥，很顯然正在盜墓，但他們盜的可不是某個殉葬品還算優渥的官員之墓，而是阿蒙霍特普一世之妻，梅莉塔蒙王后（Queen Meryetamun）的皇家陵墓。梅莉塔蒙王后死了起碼已經有百餘年，而就他們這群盜賊所知，這處陵墓還沒有被任何同行染指過，所以他們都對此行充滿了期待。雖然從小就大大小小偷搶過了不知道多少回，但內姆維夫在盜墓這個分支上還是新手。他早就聽說有人從事這個行當，但之前總覺得風險太大。直到今天，終於經不起誘惑的他才決定鋌而走險。

這群小偷要擔心的事情確實很多。要是當場被活逮，或是被發現身上藏有來自皇家陵墓的贓物，他們很可能只能以死謝罪，而且還沒機會死得乾淨俐落。還有就是舉頭三尺有神明。內姆維夫如今已經顫抖到肉眼可見，因為他頓時意會到自己的行徑瞞不過諸神。「我們還是懸崖勒馬吧，免得神不高興會宰了我們！」他自以為壓低了嗓子但還是很大聲地說道。

「哪來的神？」氣壞了的貝比回答說。「我幹這行都好幾年了，喏，你看看我，不是好端端活著嗎？而且還發了財！別管什麼神不神的了。要是真的有神，那我也只能說祂們才不管這麼多閒事。至於王后她老人家嘛，她都死多久了，這些東西她擱在墓裡也用不到，我們拿去用用不是比較不浪費嗎？」

「但她的『卡』得靠這些陪葬品才能獲得供養吧！」內姆維夫喊了一聲。「不然她的靈魂要怎麼存在下去？」

「你還真的相信關於『卡』的那些鬼話啊？可憐哪。事實上我們只活在當下而已，而比起死透了的王后，我們這些活著的才能真正享受這些陪葬品好嗎。再說皇室跟祭司又為我們做了什麼？他們還不是只會抽我們的田賦，然後拿民脂民膏去吃香喝辣，把自己的陵墓蓋得這麼大。」

「但死後的審判呢？我們這樣絕對會被擋下來！」

「審判？要是神問我有沒有破壞陵墓的門，我可以抵死不認。至於你嘛，你已經沒救了，鑿子上都是你的指紋。現在快給我回去工作，不然就給我滾。我就知道帶你來只會礙事！」

埃及陵墓的詛咒早已是現代人鍾愛的傳說，其中最有名的就是第十八王朝法老圖坦卡門那幾乎沒有被破壞過的陵墓。謠傳說那裡頭出土了一塊石板上寫著一道詛咒，當中的內容是：「死亡會拍動輕快的翅膀」，降臨在破壞陵墓的人身上。雖然在造訪圖坦卡門墳墓的人之中，確實有好幾個人在不久後死亡，但事實是這樣的石板並不存在，而且在一九二二年發現圖坦卡門陵墓的霍華·卡特在某種程度上算是「破壞陵墓的主謀」，但他卻好端端地活到了一九三九年。確實我們會在某些陵墓的牆上看到威嚇的宣言，但那主要只是要人放尊重一點，或是要人獻上祭品給逝者而已，並沒有專門要詛咒盜墓者去死的意思。

內姆維夫拾起了工具繼續工作，直到缺口處有了足夠的空間供盜墓者爬進去把東西遞出來。「進去吧。」貝比下了命令，然後便率先爬進洞中，落在了牆壁另一側的地板上。一名盜墓者遞了盞小油燈給貝比，接著貝比便舉高了油燈提供照明，好讓一干匪徒得以魚貫而入。內姆維夫是最後一個。不安在胃裡翻攪得讓他猶豫了好一會兒，但一想到自己頭已經洗下去了，內姆維夫也只好硬著頭皮往墓裡爬進去。

梅莉塔蒙的陵墓是直接建在紀念哈特謝普蘇特的廟宇下方。不同於可見於上層的高級石灰岩，梅莉塔蒙之墓的走廊與墓室都是挖進底層不太牢靠的頁岩當中建成，而且其設計也很罕見地在封死的門後只經過極短的階梯，就接上了一條走廊。走廊右轉之後是第二條走廊，其終點是一處無法跨越的深坑。不過盜匪們在事前就知道了這個障礙的存在，因為貝比已經看過了由另一名共犯所提供的陵墓設計圖。

胸有成竹的盜匪們為了這個深坑準備了一條有一定長度的木梁。靠著這根木梁，大家就能到達深坑左手邊那個開展得非常尷尬的小廳。因為來到此處，陵墓的室內空間已經很狹窄，所以他們不得不先把與小廳以斜對角遙遙相望，位於他們這一側的角落地板給挖掉一些岩層，才能把木梁放進定位。頁岩只消輕輕一掘就會崩解，而很快地貝比已經跨在木梁上推著自己前進，抵達了另外一端。接著輪到另外兩人，而他們一開始的姿勢也是跨騎在木頭上，以方便把數盞油燈往前傳。

不論是貝比還是另外兩個幫手，都在跨越深坑的時候顯得相當俐落專業，就只有內姆維夫又在磨磨蹭蹭。他之前偷過的地方有穀倉、庫房，還有幾次是去有錢人的別墅闖空門，沒有一次需要他跨坐在木梁上通過深坑。重點是萬一他不小心失去平衡，掉進了洞裡，他百分百確信其他人會置他於不顧，畢竟他們費盡心思來此是為了搜刮財物，而不是為了守望相助。他可以想像自己會眼睜睜地在坑底看著他們偷完東西揚長而去，任由他困在坑裡腐臭發爛，或是被來查看的埃及官員抓去法辦。內姆維夫吞了一口口水，然後開始在木梁上推著自己前進。來到對岸之後，他在一間長方形墓室中的角落找到了同夥，而房間邊上則擺著一時也數不清有多少個，或大或小的籃子與罈子。

貝比握著油燈站到了邊上，但也沒忘了在興高采烈之餘發號施令，並鼓勵著手下找出任何值錢又好帶走的東西，特別是那些原本就可以回收利用，所以不會被聯想到跟特定人物或跟墓葬有關的東西。好幾個籃子一掀開，結果都令人大失所望，因為裡頭找到乾癟的水果與各種吃食。內姆維夫找到了一些籃裡裝著高級的亞麻布，而且疊得整整齊齊。只要稍微費點心把用墨筆寫在布緣的標記裁去，這些布料就可以作為以物易物市場中的「貨幣」，輕輕鬆鬆在市場上換得非常好的等價商品。幾方精美的木箱裡裝有化妝品與鏡子等私人用品，另外幾個櫃子裡則放著王后的私服與許多大小與形狀不一的雪花石膏器皿。

幾個形狀各異的白色小木盒子橫在走廊邊上。貝比說他知道這些東西到底是啥，然後漫不經心地賞了其中一個盒子一腳。被踢開的盒子把其內容物通通吐了出來，散布在地板上。那原本被緊緊包在亞麻布裡的東西，看起來像是某種木乃伊。「有人肚子餓了嗎？這裡有乾掉的鴨肉喔。」貝比自覺好笑的問了一聲。這些鴨肉跟其他盒子裡的牛肉塊與裁切好的肉類，很顯然也是亡者的儲糧，但這些完全不是盜墓者鎖定的目標。

翻箱倒櫃的過程持續進行，被檢查過的籃子有的立著，有的倒著。幾個沒搞頭的籃子搖身一變，變成盜墓者手中用來集中戰利品的提籃。第一個墓室被地毯式搜刮過之後，後面還有第二個墓室，而事實證明這第二間墓室比第一間值錢得多。第二間墓室裡放著展現了匠人精湛手藝的木棺，裡頭躺著的正是王后本人，且棺材的尺寸足足是王后生前身形的兩倍大。有那麼一瞬間，盜匪們情不自禁地受到木棺上的精巧工藝吸引而在其四周聚集，並默默地開始了某種賞析。他們看著棺蓋上以梅莉塔蒙為範本的雕像藉由鍍金，還原了王后生前面容是如何的慈祥美麗，並用鑲嵌的方式呈現出王后的眉毛與眼睛。另外梅莉塔蒙的雙手造型也沒有在棺木上缺席。環顧整副棺材，大部分的表面上都覆滿了一排又一排讓人看了賞心悅目的鑲嵌圖案。「你們在看個什麼勁啊？」貝比喝斥了內姆維夫。「看夠了快給我幹活！」

> 有些文件記錄下了盜墓者受審的過程，並從新王國時期一直存活至今。被告被指控犯下了盜取皇家陵墓的罪行，並獲得了有罪的判決，至於這類罪行的處罰則可能包括被活活燒死或被刀劍穿身等死刑。

恍神的盜墓者立刻回到現實，無縫銜接且心無罣礙地展開了卑劣的作業。好幾名盜匪用熟練的雙手操作著錛的銅刃，刮下了鍍金的黃金成分，然後把纖細的金片收集到編織得很密的布袋中。鑲嵌的圖案也被從棺木表面上敲開或撬開出來，被盜匪們一掃而空。雖然看得瞠目結舌，甚至有點被嚇壞了的感覺，但站在一旁看著的內姆維夫還是很佩服於前輩們的絕佳效率。他的工作是收下師兄們收穫的各種成果，一趟趟送回到坑洞的邊緣。在某個點上，貝比撿起了一把作工精細的椅子，往墓室的牆壁上一砸而碎。這把椅子是以黑檀木作為主體，因此碎片都可以回收再利用。之後他又在一個大木箱中發現了四尊一看就非等閒之輩的石甕，但他只是將這些裝著王后內臟木乃伊的罐子翻倒，然後開起了黑色玩笑說：「誰想來點皇家牛雜？」

貝比接著下令要把棺木那厚重的蓋子給移開。「我們來看看王后會不會厚待我們吧！」但他們沒想到的是棺蓋下方還有另外一副棺材，而不同於外棺是王后正常身材的兩倍大，這第二副棺材是正常的大小，而且外部的裝飾也沒有馬虎，唯一的差別就是表面少了鍍金。內姆維夫看著兩名同夥扯掉了內棺的棺蓋，底下赫然是梅莉塔蒙包得美美的木乃伊。貝比抓起一把利刃，動起了手來。他很顯然對

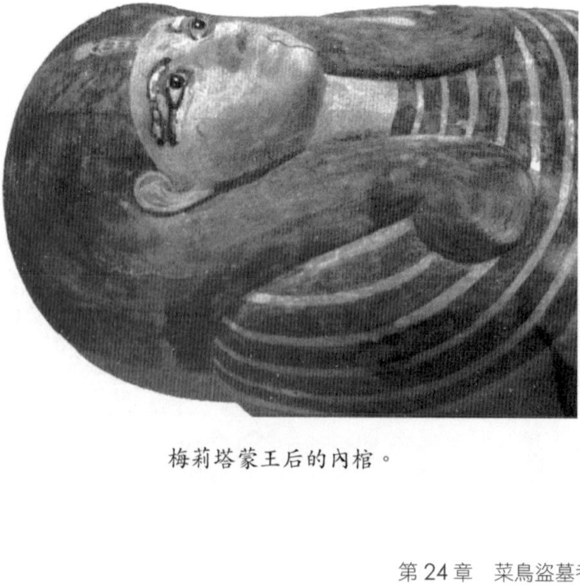

梅莉塔蒙王后的內棺。

該從何處下刀極具概念，由此他劃破了左右手腕上與上臂上的麻布，然後再進展到前額。他果然是熟門熟路，因為華麗的珠寶一樣樣都出現在他鎖定的位置。貝比接下來又襲擊了木乃伊的雙手與雙足，果然十隻手指與十根腳趾上都沒少了金質的蓋子。

一九二九年，第十八王朝的梅莉塔蒙王后陵墓被隸屬大都會藝術博物館（Metropolitan Museum of Art）的美國考古學者發現，而經過他們的勘查，很顯然這處陵墓已於古時遭到侵犯，陪葬品已經佚失大半。但現場仍留有證據顯示相隔數百年後，第二十一王朝的祭司曾嘗試對此地進行「修復」，這包括眾祭司注意到了外棺的金箔與鑲嵌物都已經被刮除或拔走了，所以作為替代，他們在上頭塗了一層黃漆。在大約同一個時間，該墓入口走廊又收納了額外的遺體，也因此此處被重新封閉到現代才又重見天日。

大屠殺的結果是殘破不堪的亞麻布散落四周，顯露出藏於底下，早已作古而枯乾的王后遺骸。

「大家都來瞧瞧，」貝比煽動著現場，「埃及的王后耶！髮型果然講究！」他在墓室中一邊大呼小叫，一邊拉扯起梅莉塔蒙的幾撮棕色大波浪。在現場此起彼落的笑聲之中，內姆維夫連看都不敢多看一眼，畢竟他平日只是單純做小偷，破壞遺體的經驗他不曾有過。

從陵墓中撤退的時辰已到，在場者沒有誰無聊到去幫死者回復一點尊嚴。他們任憑王后的遺體東倒西歪在自己的陵墓中，再也看不到一絲尊貴，因為他們得把所有的時間都用來規劃如何全身而退。兩名人手被配置在深坑的兩岸，木梁上則跨坐著兩個人負責贓物的接駁。等所有人連同戰利品都回到深坑的此端時，大夥便一同大包小包外加人手一個提籃地回到了剛剛讓他們進入墓室走廊的坑洞。貝比甚至叫人帶走搭橋的木梁，這寶貝他們未來盜其他的墓還用得上。

離開了陵墓重回地面後，內姆維夫發現迎接他的是鼻腔與胸中冷冽的新鮮空氣，外加滿天的星辰，以及灑滿月光的地景。工作的主要部分已經完成，贓物也分給了眾人帶到安全的地方。等約定的時間到了，眾人會再集合起來把東西化零為整然後分門別類。但即便如此，籃子跟包包的數量還是多到沒辦法一口氣運走，但貝比知道什麼叫有備無患，由此他早已在附近準備好了一個隱密的中繼站，贓物可以在此暫存來等待後續的安排。心照不宣的大夥兒就此鳥獸散，沒人說太多話，而在約好的時間之前他們會暫時分開。內姆維夫被託付的只是一大籃亞麻，而他得到的指示是在外頭低調一點，然後口風緊一點。他原本就不認為自己會被賦予更大的責任，畢竟這才是他的第一次，而他在想搞不好這也會是最後一次。但果真如此，他倒也不會覺得那有什麼可惜，因為若要他在惡搞王族的永恆埋骨之地跟去穀倉裡偷點能夠果腹的東西之間二者擇一，後者會是他絲毫不需要遲疑的決定。

誌謝

我的感激之情，要首先傳遞給我一位摯友，已故的芭芭拉．莫茨（Barbara Mertz；又名伊莉莎白．彼得斯〔Elizabeth Peters〕或芭芭拉．邁可斯〔Barbara Michaels〕），因為她所代表的，是一種能對普羅大眾把過往的歷史寫得精采動人的能力。這樣的她讓人無比追思。才華洋溢的道蒂．薛爾頓（Dottie Shelton）與我的母親派翠莎．錢特．萊恩．阿姆斯壯（Patricia Chant Ryan Armstrong）都在不久前離開了人世，但我知道她們都會因為書是我寫的而用力鼓掌。雪莉．萊恩與山謬爾．萊恩（Sherry & Samuel Ryan）一路以來都支持著我，就跟我們的毛孩子溫尼（Winny）、尼波（Nipper）與喬瑟夫寶貝（Baby Joseph）一樣。麥可．歐瑪拉圖書（Michael O'Mara Books）的編輯群，包括喬治．莫德斯利（George Maudsley）在內，都不曾吝惜對我鼎力相助，一如霍華．華森（Howard Watson）讓我獲益良多。我非比尋常的感謝要傳達給讓我無可挑剔的好朋友們，艾德蒙．梅爾策（Dr. Edmund Meltzer）與肯尼斯．葛瑞芬博士（Dr. Kenneth Griffin），他們是兩名冰雪聰明，而且不吝於把見解與資源拿出來分享的古埃及學者。最後，我要一如往常地把無盡的感謝獻給露薏絲與莫里斯・史瓦茲（Lois & Maurice Schwartz），另外也向太平洋路德大學（Pacific Lutheran University）與普吉特灣大學（University of Puget Sound）大學的圖書館致上誠摯的謝忱。

參考書目

Andrews, C. *Ancient Egyptian Jewellery* 1997

Bierbrier, M. *The Tomb Builders of the Pharaohs* 1993

Breasted, J. H. *Ancient Records of Egypt* 1907

Dodson, A. and Hilton, D. *The Complete Royal Families of Ancient Egypt* 2004

Forbes, D. C. *Imperial Lives: Illustrated Biographies of Significant New Kingdom Egyptians* 2005

Hall, A. *Egyptian Textiles* 1986

Hodel-Hoenes, S. *Life and Death in Ancient Egypt: Scenes from Private Tombs in New Kingdom Thebes* 2000

Hope, C. *Egyptian Pottery* 1987

Houlihan, P. *The Animal World of the Pharaohs* 1997

Ikram, S. and Dodson, A. *The Mummy in Ancient Egypt* 1998

Ikram, S. and Dodson, A. *The Tomb in Ancient Egypt* 2008

Janssen, R. and J. *Growing Up and Getting Old in Ancient Egypt* 2007

Killen, G. *Egyptian Woodworking and Furniture* 1994

Lichtheim, M. *Ancient Egyptian Literature* 2006

Manniche, L. *City of the Dead* 1987

Manniche, L. *Music and Musicians in Ancient Egypt* 1991

Nunn, J. *Ancient Egyptian Medicine*, University of Oklahoma 1996

Peck, W. H. *The Material World of Ancient Egypt* 2013

Quirke, S. *Ancient Egyptian Religion* 1993

Redford, D. (ed.) *The Oxford Encyclopedia of Ancient Egypt* 2001

Reeves, C. N. and Wilkinson, R. *The Complete Valley of the Kings* 1996

Robins, G. *Women in Ancient Egypt* 1993
Robins, G. *The Art of Ancient Egypt* 2008
Sauneron, S. *The Priests of Ancient Egypt* 2000
Scheele, B. *Egyptian Metalworking and Tools* 1989
Shaw, I. (ed.) *The Oxford History of Ancient Egypt* 2004
Simpson, W. K. et al. (eds) *The Literature of Ancient Egypt: An Anthology of Stories, Instructions, and Poetry* 2003
Taylor, J. *Death and the Afterlife in Ancient Egypt* 2001
Tyldesley, J. *Daughters of Isis: Women of Ancient Egypt* 1995
Tyldesley, J. *The Complete Queens of Egypt: From Early Dynastic Times to the Death of Cleopatra* 2006
Wilkinson, R. *The Complete Temples of Ancient Egypt* 2000
Wilson, H. *Egyptian Food and Drink* 1988

延伸閱讀

Clayton, P. *Chronicle of the Pharaohs* 2006

Dodson, A. *Monarchs of the Nile* 2016

James, T. G. H. *Pharaoh's People* 1994

Mertz, B. *Temples, Tombs and Hieroglyphs: A Popular History of Ancient Egypt* 2007

Mertz, B. *Red Land, Black Land: Daily Life in Ancient Egypt* 2008

Reeves, C. N. *Ancient Egypt: The Great Discoveries* 2000

Ryan, D. P. *Ancient Egypt on Five Deben a Day* 2010

Spencer, A. J. *The British Museum Book of Ancient Egypt* 2007

Tyldesley, J. *The Penguin Book of Myths and Legends of Ancient Egypt* 2012

Wilkinson, R. H. *The Complete Gods and Goddesses of Ancient Egypt* 2003

歷史大講堂

古埃及24小時歷史現場：穿越時空，目睹由木乃伊師傅、失眠法老王、酒醉女祭司、專業孝女和菜鳥盜墓者主演的一日實境秀

2020年7月初版　　　　定價：新臺幣390元

著　　者　Donald P. Ryan
譯　　者　鄭　煥　昇
插　　畫　阿　　　諾
叢書主編　李　佳　姍
校　　對　聞　若　婷
內文排版　江　宜　蔚
封面設計　兒　　　日

出　版　者　聯經出版事業股份有限公司
地　　　址　新北市汐止區大同路一段369號1樓
叢書主編電話　(02)86925588轉5320
台北聯經書房　台北市新生南路三段94號
電　　　話　(02)23620308
台中分公司　台中市北區崇德路一段198號
暨門市電話　(04)22312023
台中電子信箱　e-mail：linking2@ms42.hinet.net
郵政劃撥帳戶第0100559-3號
郵撥電話　(02)23620308
印　刷　者　文聯彩色製版印刷有限公司
總　經　銷　聯合發行股份有限公司
發　行　所　新北市新店區寶橋路235巷6弄6號2樓
電　　　話　(02)29178022

副總編輯　陳　逸　華
總經理　陳　芝　宇
社　　長　羅　國　俊
發行人　林　載　爵

行政院新聞局出版事業登記證局版臺業字第0130號

本書如有缺頁，破損，倒裝請寄回台北聯經書房更換。　　ISBN　978-957-08-5559-3 (平裝)
聯經網址：www.linkingbooks.com.tw
電子信箱：linking@udngroup.com

First Published in Great Britain in 2018 by
Michael O'Mara Books Limited
9 Lion Yard, Tremadoc Road, London SW47NQ

國家圖書館出版品預行編目資料

古埃及24小時歷史現場：穿越時空，目睹由木乃伊師傅、失眠法老王、酒醉女祭司、專業孝女和菜鳥盜墓者主演的一日實境秀/ Donald P. Ryan著．鄭煥昇譯．阿諾插畫．初版．新北市．聯經．2020年7月．304面．14.8×21公分（歷史大講堂）

譯自：24 hours in ancient Egypt: a day in the life of the people who lived there

ISBN　978-957-08-5559-3（平裝）

1.古埃及　2.文明史　2.埃及文化

761.3　　109008699